村瀬永育

ホスピタリティ・オペレーション

顧客の顔を聴く関係技術の手法

文化科学高等研究院出版局

知の新書
B11

blue series : directed by
新資本経済学会

＊ホスピタリティ・オペレーション

目次

画像A群

画像B群

画像C群

画像D群

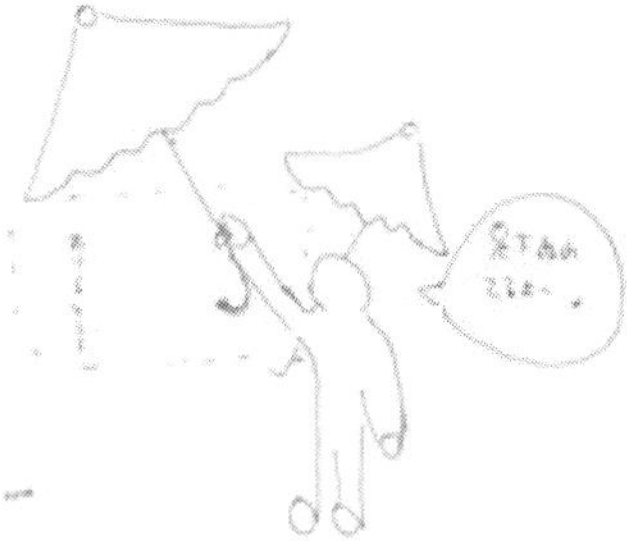

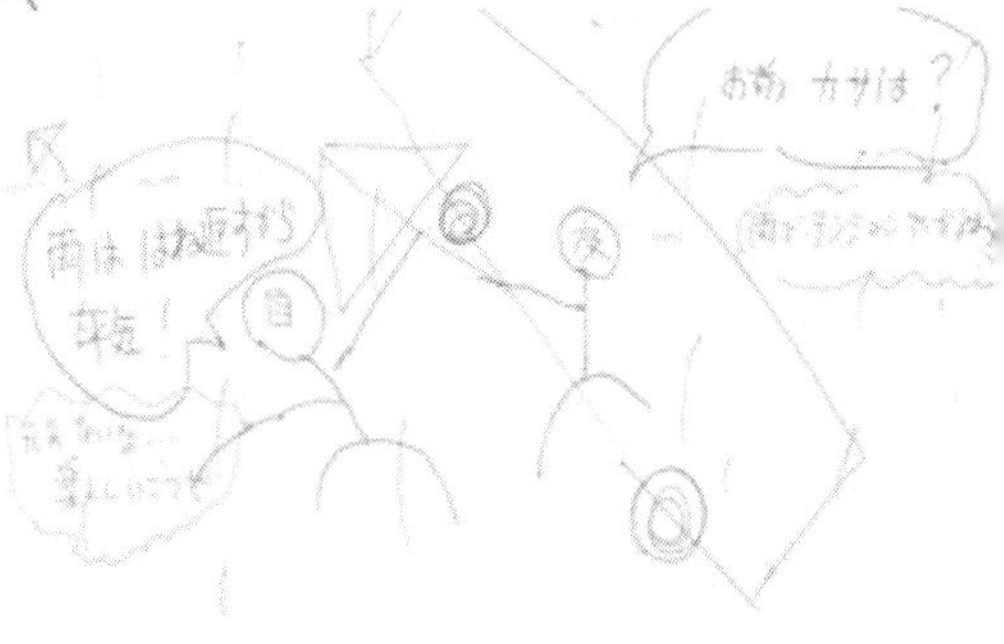

プロローグ

画像A〜Dは、ある組織のスタッフに「雨が降っているときに、あなたがタクシーから降りる友人に傘を差してあげるとしたらどんなふうにしてあげますか？を絵にしてみてください」と言って描いてもらったものです。こんなところからも相手のホスピタリティの度合がわかったりします。


画像Aはマネージャーや、お客からの指名やリピートが多いスタッフです。

画像Aも含むB・Cは、絵の中心に傘を差してあげる友人がいます。

画像Dは、自分と相手が半々くらい、または傘を差す自分だけを描いています。

絵のうまい下手ではなく、どんな表現の仕方をするか、何を優先しているかのはっきり違いが分かれています。

実はこの違いで、日頃お客さまや、組織内でのコミュニケーションのとり方で、何を軸に置き、話しているかの傾向がはっきり出ていました。

ただ、それは画像Dを描いた人たちが良くないというわけではないのです。「考え方」を受け入れて、つまり「知って」その人に接していけば、気づきや発見から「こうして相手のことを考えればいいんだ！」と思えて、それが「楽しい」となれば誰でも積極的にその経験を積み重ねていき、積み重ねることによって「できる」ようになります。

私はその「再現性」が重要であると思っています。

「再現性」は、相手やそのまわりをより良い状態にしていくのに必要な要素であり、そしてその「再現性」を高めるために必要なのが「情報」です。

「情報」に対しては、当然ながら接客やセールスをしている人たちもとても大事なものと思っている人たちは多いのですが、なのにそれが「ヒアリング」や「情報収集」という表現に変わり、「自分たちのほしい情報」だけを集めたいとなっていることが日常で起きています。

自己都合で固まったもので言語化されているのがほとんどです。

言葉だけを聴くのではない、顔色を伺うのではない、語られていない「顔を聴く」こと。

ここでは、接客やセールスに携わる人たちにとって、「情報」とは何なのか、どんな「成分」でできているものなのか、そうしたことを整理していきながら、これを読んでくださっている方々の「ヒアリング」や「情報収集」が良いものになるように、その技術における頭出しができること、さらにそのマネジメントとは？　オペレーションとは？　を、読まれている人によってはその頭出しから勝手に思考の展開が為されていけるようになること、これをゴールとします。

I

「情報」とは、「ヒアリング」とは

下の画像は何だと思いますか？

何気ないどこかの家電量販店の画像ではありますが、

この画像自体も「情報」です。

これをまわりに見せたとき、「自転車」と認識するか、「電動付自転車」と認識するか、

あるいは「量販店の自転車売り場コーナー」と認識するか、それで「情報」は変わります。

逆にみなさんが私に何か画像を見せてくれたとしても同じです。

つまり「情報」とは、まずは発信側からつくられるものです。

例えば「伝えたい」ことがあって、相手から「この人なら伝えてもいい」と思っていたり、「伝えたことで何か役に立つことをしてもらえるかもしれない」、「わかってもらいたいから伝えておきたい」など思っていたら、それは発信側からつくられたものであり、まさにそれが発信側の「目的」です。

ですが一方で相手が伝えてきた「情報」を、伝えた側がどのようにとらえたかは、先ほどの画像のように把握しにくいという特性を持っています。

だからもし、相手が何かしら「情報」を教えてくれたのなら、あるいは「言ってもいいこと」として話してくれたのなら、相手のその「教えてくれたこと」「言ってもいいと思ってくれたこと」の、その「目的」から理解することが大事だということです。

「情報」とは、「目的」のために存在し、必要と必然の中でつくりだされるものです。

例えば、何かを買いに行ったとしましょう。大きな買い物である家でも車でも、日常で必要な生活必需品でも何でもいいです。その購入をする際に自分の「情報」を発信したとして売り手に思ってもらう感情は、次の二つのうちどちらが良いですか？

A【相手が自分が売りたいがために、その「情報」を利用する】

B【相手が自分のこと（状態）を良くしようとしてその「情報」を活用する】

もちろんBではないでしょうか。そして相手の考えてくれていることがBとわかれば、もっと自分のことを話そうと思う方向に自分の感情が向かうはずです。

ただこれが仕事をする立場になり、自分が売る側になると、さっきまでBだと言っていた人がAをする、が起きます。それはなぜ起きるかというと、「情報」の目的を確認する作業をしていないからです。

客の立場では「わかってほしい」と思っているのに、売る側にまわると「売りたい」という感情に支配されて忘れてしまいます。しかも客側の感情はわかっているのに、そのこと自体を考えるのが「難しい」とまで言い出すこともあります。

ちなみにその状態にしてしまうのは、実は個々人の問題だけではなく、売る側のオペレーションに問題があるのです。

実際には、日頃のやりとりが「売れ！」というニュアンスのことしか言ってなかったり、目標の設定が企業側の都合だけであったり、とは言いながら「お客さまを大切にしろ」と宣ったりなど、現場を混乱させるオペレーションになっているのが問題です。

収益がないことには経営、事業は成り立ちませんが、部下の顔をみるたびに「今月はあとどのくらいで目標達成できそうか?」、「もう達成できそうか?」、「このままだとボーナスが出ないぞ」など、経営者やマネジメント従事者が客を「無視」した自己都合な発信ばかりして、「社員のモチベーションが上がらない」や、「ちゃんと考えて行動していない」ということが起きています。

オペレーションが「転倒」しているのです。わかっているという人もいます。でもどうしていいかわからないのでそうしている…とも言ってます。つまり「転倒」です。

ここで「情報」の話に戻りますが、先ほど書いたようなオペレーションですと、売り手側がその情報をどう使うかは、AとBどちらに偏りやすいかは想像やすいですね。

自分たちが売るために「欲しい情報が情報」になり、それを収集することが「ヒアリング」となっています。

それ以外何もオペレーションをせずに、「売れ！」だけ言い、ちょっとでもマネジメント側都合で心配になると「ボーナス出ないぞ」と煽る……それがマネジメントになってしまってます。

だとしたらこれってすごくないですか？

何がすごいかというと、それで「お客さんからちゃんとヒアリングできていない」という判断を、マネジメント側がすることが起きてしまうということです。

マネジメント側の他責発言は、「自責ではない自分」を見えなくさせる隠れ蓑です。よく経営者は孤独と言われることがありますが、「孤独」と言っている時点で「他責」です。この流れで見れば、その「孤独」は自分でつくっているだけだからです。

目標を達成したいなら、顧客のことを考えて行動することのほうが目標が達成できますし、売れるがために「情報」を収集したいならどんな行動が必要かというと、まず考え方の前提として、相手のことを「知っている状態」として相手がそう思っている、になるための、「行動」と「行為」が必要だということです。

例えばお客が売り手側に思う「感情の段階」が次のようなものだと考えてみてください。

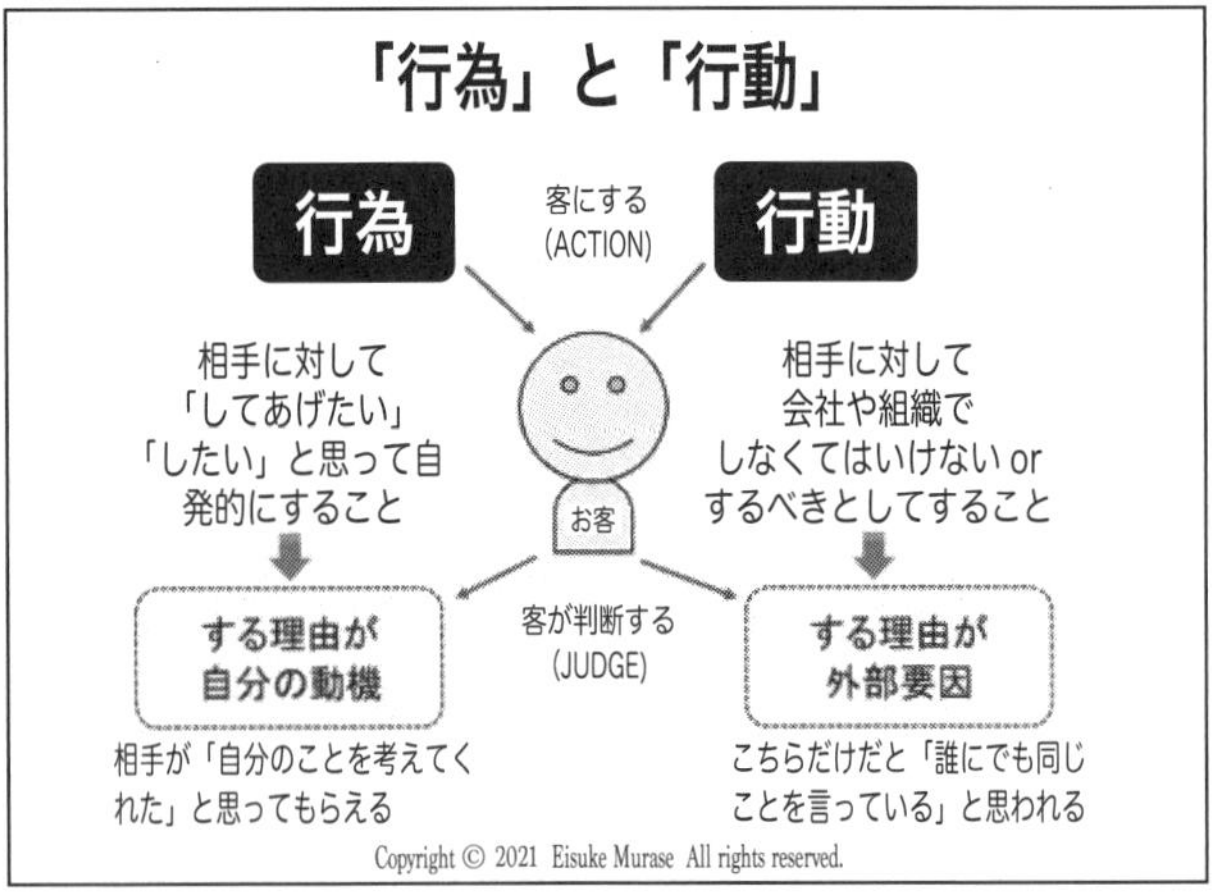
「行為」と「行動」
行為
客にする
(ACTION)
行動
相手に対して
「してあげたい」
「したい」と思って自
発的にすること
お客
相手に対して
会社や組織で
しなくてはいけない or
するべきとしてすること
する理由が
自分の動機
客が判断する
(JUDGE)
する理由が
外部要因
相手が「自分のことを考えてくれた」と思ってもらえる
こちらだけだと「誰にでも同じことを言っている」と思われる
Copyright © 2021 Eisuke Murase All rights reserved.

感情の段階A　何もわかっていない
←
感情の段階B　私のことをわかろうとしてくれていない
←
感情の段階C　誰にでも同じようにしている
←
感情の段階D　私のことをわかろうとしてくれている
←
感情の段階E　私のことを分かってくれている

売り手側の立場で考えてもいいです。どの段階からが、「売れる」可能性があると思いますでしょうか？

ビジネスをしている以上、図の「行動」はその提供する商品やサービスを利用してもらうためのインフォメーションとして必要ですが、同時に「行為」としてのコミュニケーションも必要だということです。

「わかろうとしてくれている」以上のお客の感情がつくれて初めて、
相手は「この人なら私の「情報」を伝えてもいい」と思ってくれます。

なのに社内では、

「今月はあとどのくらいで目標達成できそうか?」、

「もう達成できそうか?」、「このままだとボーナスが出ないぞ」

そういう接点が中心になってしまっているのは滑稽でしかないです。


お客のことが大事と言って、やっていることが逆。

それを現場でマネジメント側とお客に挟まれているスタッフは、冷静にその経営の仕方と経営者やマネジメント従事者のことをみています。

うまくいかないことを他責にしているマネジメントを見透かします。

売り手側にとっての、情報の「目的」とは、「お客の感情をつくること」です。

例えば、私が携わっている自動車業界の例で出してみます。

車は新車で購入してから三年目に初回、それ以降は二年ごとに一回、車検という、車の保安基準を担保するための整備や点検を実施する制度があります。

その車検の案内を購入して頂いている自分たちの顧客に、自分たちの会社で車検をしてもらうために、併設してる整備工場に入れてもらう、いわゆる入庫促進をしてもらうにあたっての考え方や、進め方にその「滑稽さ」が露呈している状況を以降で解説していきます。

自動車販売会社は、その車検によるお客の車を自社工場に入れてもらうために、車検時期が近くなると誘致の案内をします。

その時の組織のオペレーションが24頁の図のAとBでは違ってきます。

Aは、連絡する側の活動理由が自己都合なのでかけづらく、

お客側も「営業電話」という感覚で受け止めることが多いですが、

Bはお客に気にかける内容がお客ごとに異なりますので、それを受け止めるお客側も「営業電話以上」で受け止めてくれる可能性が出てきますし、連絡する側も気持ち的にかけやすくなります。

これだけをとって見ても、車検を自社でしてもらうためのお客からの約束をしてもらうという予約情報件数は、どちらが獲得しやすいか？ということです。

さらにこれで滑稽なことが起きるのは、
お客の予約を増やしたいのに自己都合な考えで自己都合な連絡をして、その自己都合ができなかったときに、勝手に自己都合でがっかりして、勝手にお客に連絡をしづらいという状況をつくってしまっているということです。
またそのことを正当化しているところは
「Bのオペレーションでは予約がとれない」と思っていることも滑稽です。

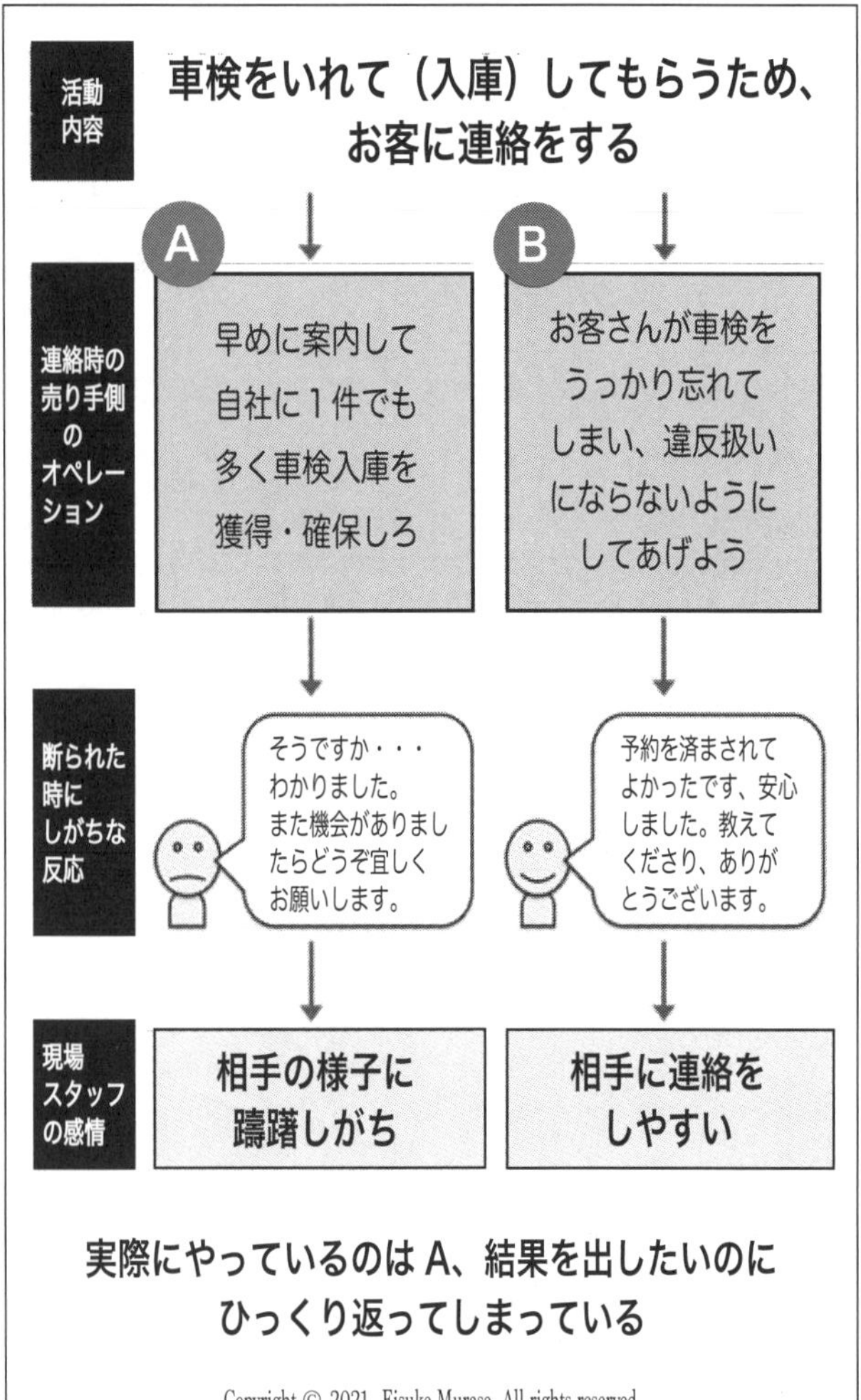
活動内容
車検をいれて（入庫）してもらうため、
お客に連絡をする
A
B
連絡時の売り手側のオペレーション
早めに案内して自社に１件でも多く車検入庫を獲得・確保しろ
お客さんが車検をうっかり忘れてしまい、違反扱いにならないようにしてあげよう
断られた時にしがちな反応
そうですか・・・
わかりました。
また機会がありましたらどうぞ宜しくお願いします。
予約を済まされてよかったです、安心しました。教えてくださり、ありがとうございます。
現場スタッフの感情
相手の様子に躊躇しがち
相手に連絡をしやすい
実際にやっているのはＡ、結果を出したいのに
ひっくり返ってしまっている

お客の感情を考えさせないことを現場にさせているのに、お客の感情を考えろというマネジメント側や経営者に、このことによって突きつけられるのは、現場のスタッフが矛盾したことをさせられていることによる「思考停止状態」です。

例えば「ボーナス出せないよ」と脅迫しながら、お客のこと考えろと言って、車検の入庫件数を負わせるのですから、言われている側は、思考を停めたほうが楽と思うのも当たり前です。ただしその時の経営者やマネジメント側の言い分は、「だって売上・利益がなかったら……」といって自分を正当化します。

この問題は、売上・利益をあげることと、そのためのオペレーションをごっちゃにしているということです。

経営者、マネジメント側が自己都合、自分の感情を優先していることに気づいていないのです。その上、できてないのを他責にされれば……

もしその会社の離職率が高いのであれば、それが本当の理由かもしれません。
関係性が大事と言いつつ、その関係性を壊すオペレーションを推し進めているからです。

「情報」の話に戻ります。

「情報」とは、「目的」のために存在し、必要と必然の中でつくりだされるもの。
売り手側にとっての、情報の「目的」とは「お客の感情をつくる」こと。
そして、「ヒアリング」とは、「売り手側が聞きたいことを聞く」ではなく、
「お客が話したいと思うことを話せている」をつくること、です。

AとBのオペレーションの続きで、それぞれ図のような具体的な活動内容だとしたら、
どちらがお客（相手）から、
感情の段階Dの「私のことをわかろうとしてくれている」になるでしょうか？
やはりそれはBなのです。これについては自動車業界の販売店さんは同意するのですが、目標設定やオペレーションはAをしているのです。

オペレーションA	オペレーションB
誰にでも同じく車検6・3か月前に誘致を狙って確認の連絡をいれる	**夫婦共働きなので車検の時期は相手の予定に配慮した連絡をする**

どっちのオペレーションがお客に「わかろうとしてくれている」以上の感情があると思ってもらえやすい？
＋
お客はどちらのお店と「長いお付き合いしたい」という感情になる可能性が高い？

経営者が、自己都合なのに自己都合に見せないようにしながら、社員へのプレッシャーだけのコミュニケーションをとらないように願うばかりです。

ちなみに図のオペレーションＢには、実はお客の「情報」が盛りこまれています。

そうです。「夫婦共働き」がお客の「情報」です。

そしてこうした情報を聴けたとして、活かさないで対応していることが、お客のことを「無視」していることにつながります。

話を聴いていなかったとかの問題ではなく、聴けたことを相手のために活かしていない時点で「無視」になる、ということです。

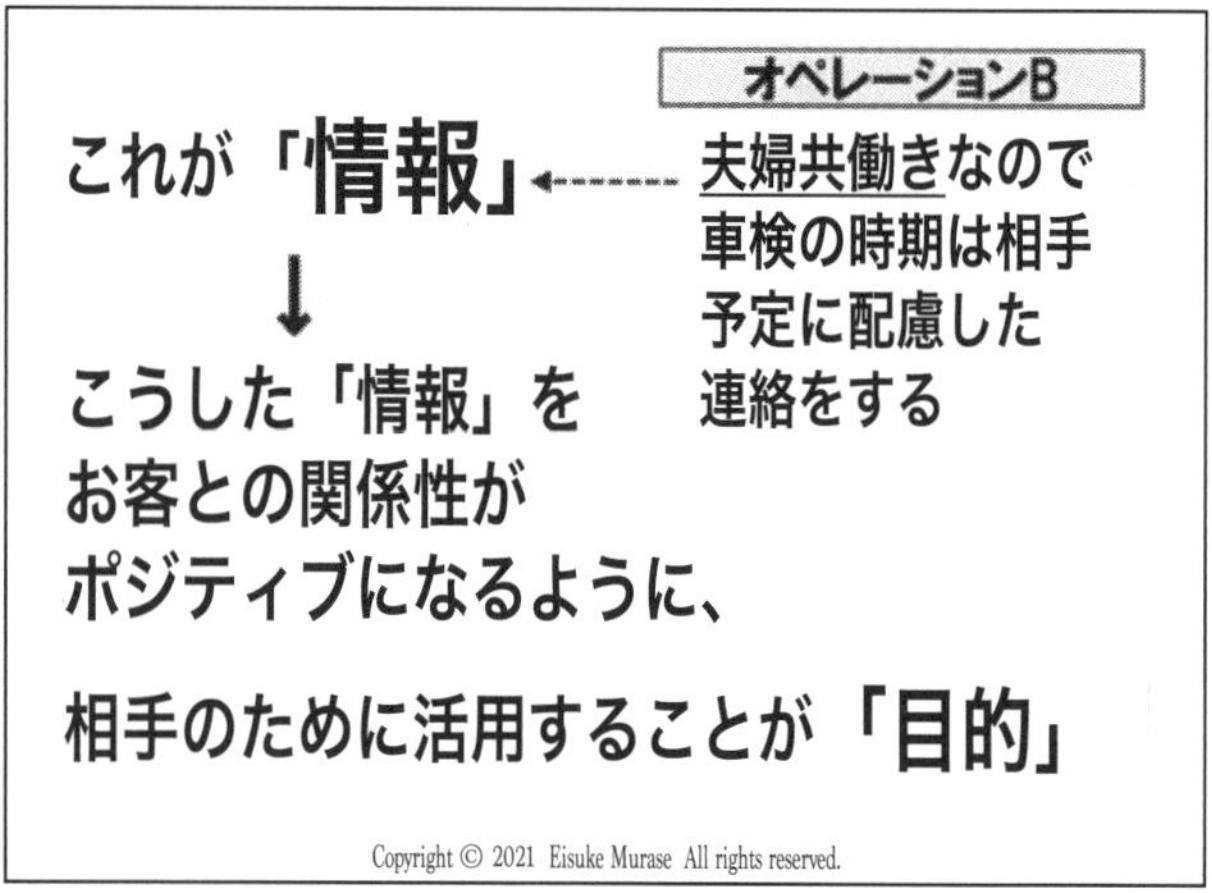
オペレーションB
夫婦共働きなので
車検の時期は相手
予定に配慮した
連絡をする
これが「情報」
こうした「情報」を
お客との関係性が
ポジティブになるように、
相手のために活用することが「目的」

「であれば、あまりお客の細かい情報なんか逆に面倒なことで、淡々と言われたことだけやっていればいいんだよ！」

と言ってくる経営者の方もいましたが、それらは自ら競争優位性を無くしていることとして気づいていないのです。

前述の「感情の段階D」以上のお客の感情をつくることを放棄してしまっています。

「情報」を無視しなければお客は、

感情の段階D　私のことをわかろうとしてくれている

感情の段階E　私のことを分かってくれている
という感情になる可能性がつくれます。
これが「ヒアリング」の「目的」であり、この意味する「ヒアリング」をすればするほど、
関係性が良くなる状態になるということです。
もらった「情報」は相手のために使うことです。「夫婦共働き」だから、奥さんの分
の車も車検なり、販売にと思う前に、目の前のお客の「困りごと」や「したい」と思っ
ていることに、お客の「情報」を使って良化の最大化をしてあげることです。
「情報」は販売につながるなど、
結果的に「利己」を実現させますが、
「情報」の活用は
「利他」であることがいちばん「利己」を
実現させることができると思います。
ここまでのまとめです。

「情報」は**「目的」**のために存在している

「目的」によって**「情報」**はつくられる

「目的」に共通善があれば

結果は生まれやすい

（しかもかなり質の良い結果＝収益観点でも）

結果を生み出すには「情報」が必要

←お客からの「情報」を与えてもらうためには「目的」が必要

←「目的」は、相手の感情をつくること

だとすれば、「顧客情報」とは、お客の役に立つためにあるもので、

　お客が必要としているものが、必然になるようにつくりだされるもののほうが

　売り手がほしいものが手に入ります。

「情報」とは、知れば知るほどお客の役に立てる

可能性が広がり、
　関係性が良くなることをもって
　ビジネスにつながるというものでなければならないのです。

＊私が言う「マネジメント従事者」「マネジメント側」というのは、店や企業の組織において、自分以外のメンバーのことに、何らかの形で関与していくことが要されている人のことです。

相手から「わかってくれている」「わかろうとしてくれている」と思ってもらうための行動とは？

前章では、「情報」と「ヒアリング」についてビジネスを転倒させないための定義を解説しましたが、この章では、実際にお客にポジティブな感情を持ってもらうためのことを、具体的に一緒に考えていきましょう。

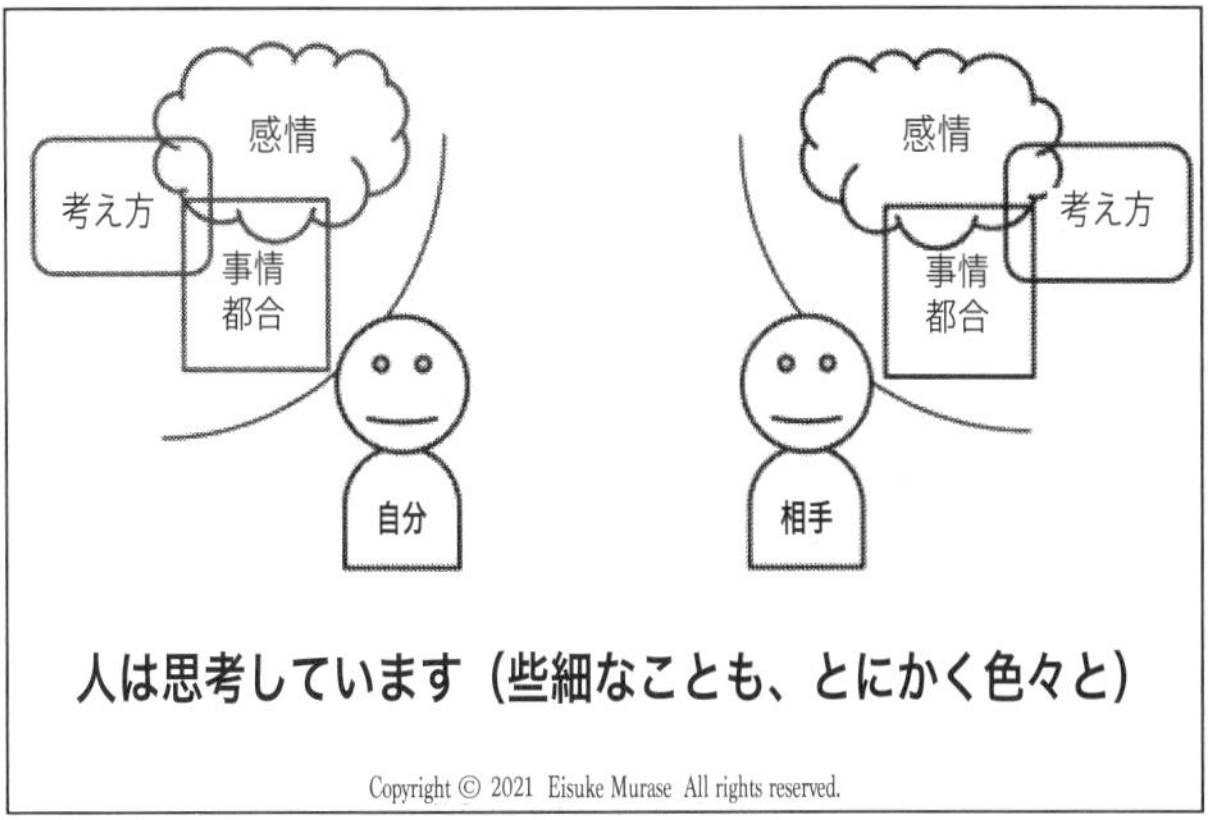
感情
考え方
事情
都合
自分
感情
考え方
事情
都合
相手
人は思考しています（些細なことも、とにかく色々と）
Copyright © 2021 Eisuke Murase All rights reserved.

まず上のかんたんな図ではありますが見てください。

人は人との声に発する言語や態度・様子などの非言語のやりとりの中で、図にあるような自分の考え方、感情、事情や都合をぐるぐるめぐらしながら「思考」をしています。

例えば駅に急いで向かっていて（事情・都合）、向い側から歩いてきた人と肩がぶつかった（やりとり）時、痛い（考え方）と思い、ぶつかった相手を嫌だなぁ（感情）と思う、というような感じで、これらはすべて「思考」をしています。

だとすると、左が売り手側としたとき、次頁図のようなことばかり考えていたとしたら、右側のお客に何か商品またはサービスをおススメする際に、フキダシの中身のやりとりはどんなものになるかを想像してみてください。

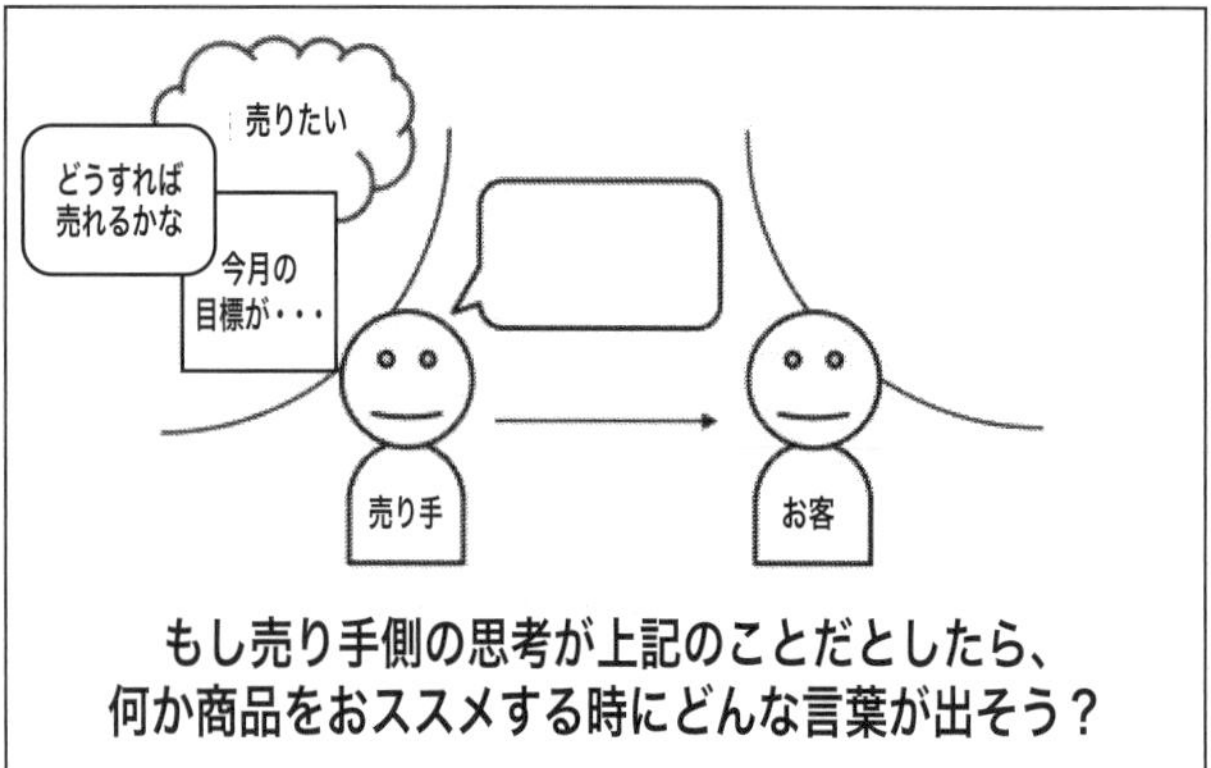
売りたい
どうすれば
売れるかな
今月の
目標が・・・
売り手
お客
もし売り手側の思考が上記のことだとしたら、
何か商品をおススメする時にどんな言葉が出そう？

例えば、Aという商品と、Bという商品があったとして、お客に「どちらがおススメですか？」と聞かれて、相手のことを何も聞かずに、「いま売れているのはAのほうです。こちらは●●（機能説明）なのでみなさんに好評です。」と言ってきたとしましょう。それは目の前のお客が得たいものなのかは確認もせず、「わからないのにおススメをしている」になります。

そう、この状態ですと、誰にでも同じことを言っている、ということになります。

実はそれが一般的に作られている「マニュアル」なるものの弊害でもあります。マニュアルは仕事を体得してくのに必要なものなのですべてを否定はしませんが、お客を無視するものになってはならないですし、無視させてもいけないのがマニュアルの根幹には必要です。

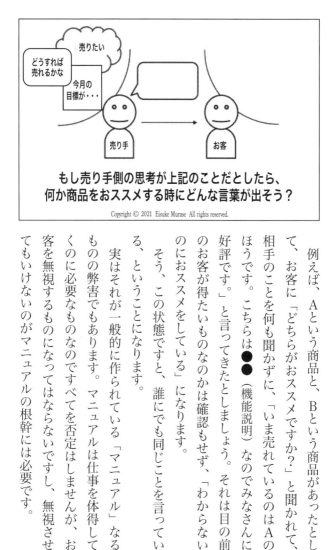

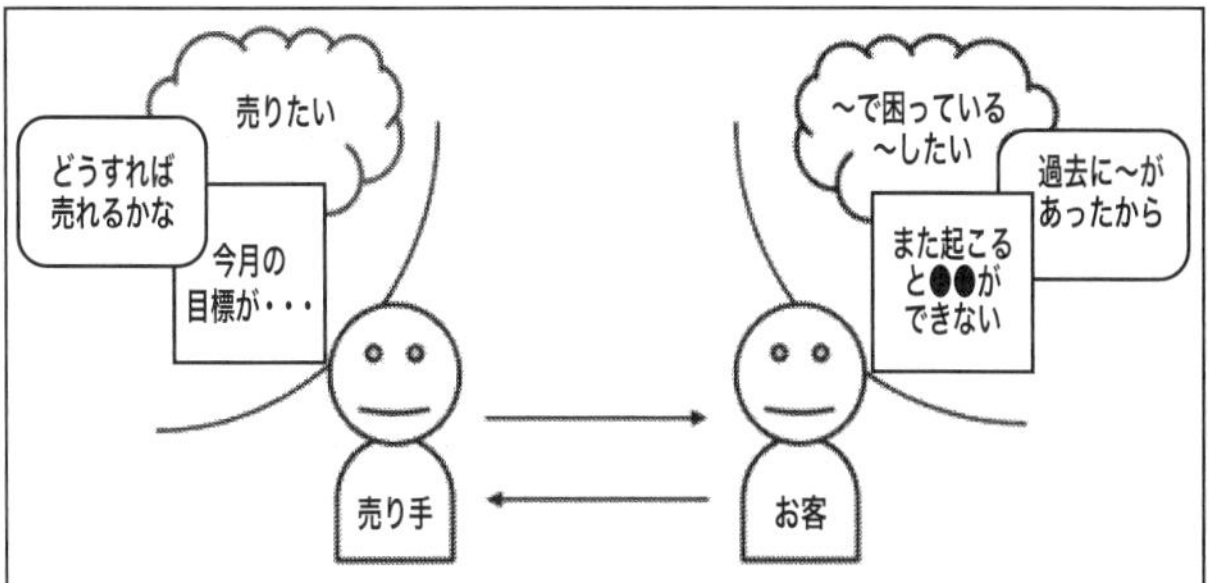

もしお客が上記のように考えているとわかったとしたら、このお互いの"思考"のやりとりは成立する？

上記のようにお客が考えていることが何かしら困っていることや、こうなりたいと思うことがあったとして、それを深く考えずに自分の思考が優先され接していたら、「わかろうとしてくれていない」や「わかってないな」という感情をお客が持つことになります。

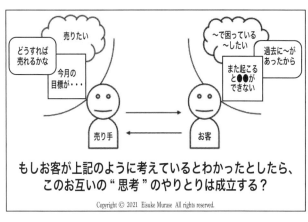

それでも、とりあえず売れればOKと思って、先々のことを考えないようなことを無意識にやってしまっていることがあるとすれば、それはお客が繰り返し利用してくれる＝リピートを生まないもの、と思っておいたほうがよいです。

売り手側が、相手のことを考えるのは、次頁の図のように、当たり・はずれは関係なく、お困りごとや、お客がどうなりたいかの理想を想像してあげるということです。なぜ当たり・はずれは関係なくかというと、

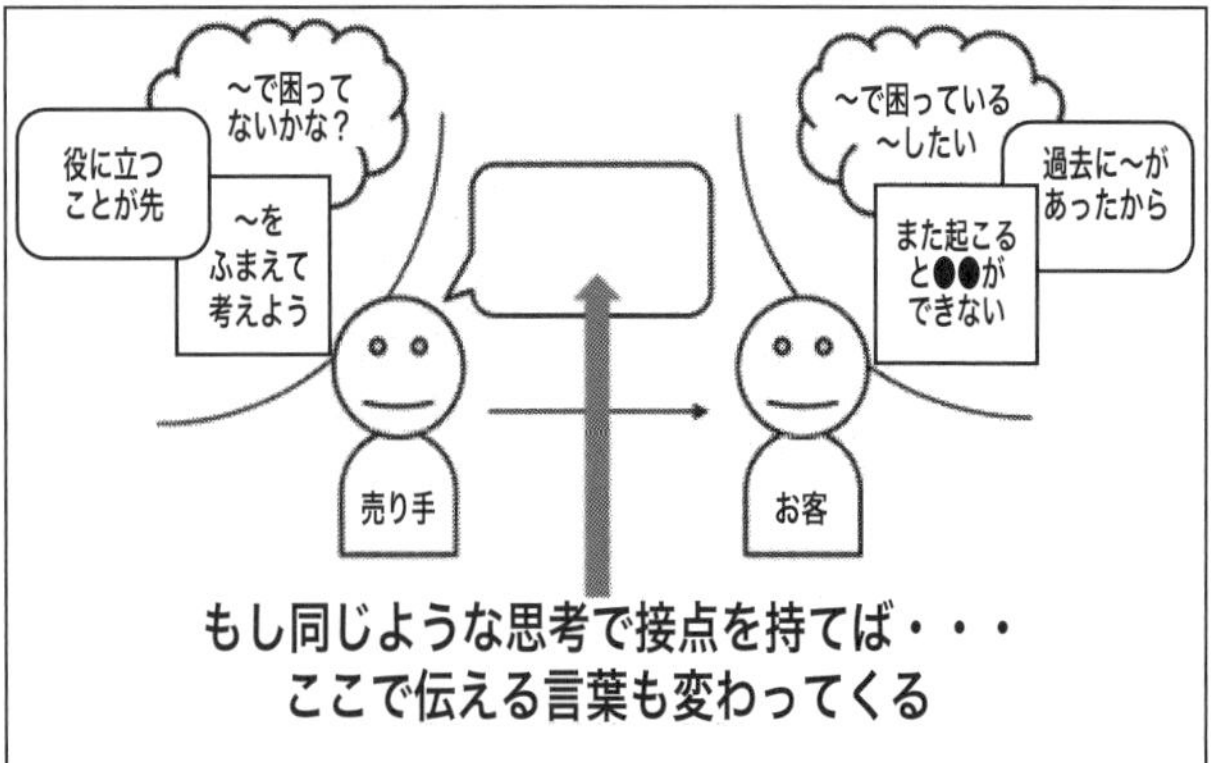
〜で困ってないかな？
役に立つことが先
〜をふまえて考えよう
〜で困っている〜したい
過去に〜があったから
また起こると●●ができない
売り手
お客
もし同じような思考で接点を持てば・・・
ここで伝える言葉も変わってくる

お困りごとを想像して相手に確認した時に、仮に困っていることがそうであったとしても「やった、俺が言ったことが当たっている！」とは喜ばないものだからです。人の困りごとを喜ぶのは詐欺師がすることです。

もしお困りごとがその通りであれば、徹底的に心配し、解決に向かうためにできるかぎりのことをしてあげるのが必要な行為です。想像して、確認して、また想像して・・・を繰り返すことが大事です。

そうすることによって相手に伝え発信する言葉は、「自己都合」ではなく、「相手都合」の発言になっていきます。

想像し、それを確認し、また想像し、確認することで、相手のお困りごとや、こうなりたいと思うことに働きかけることにより、今度はお客側の発信（発言や態度・

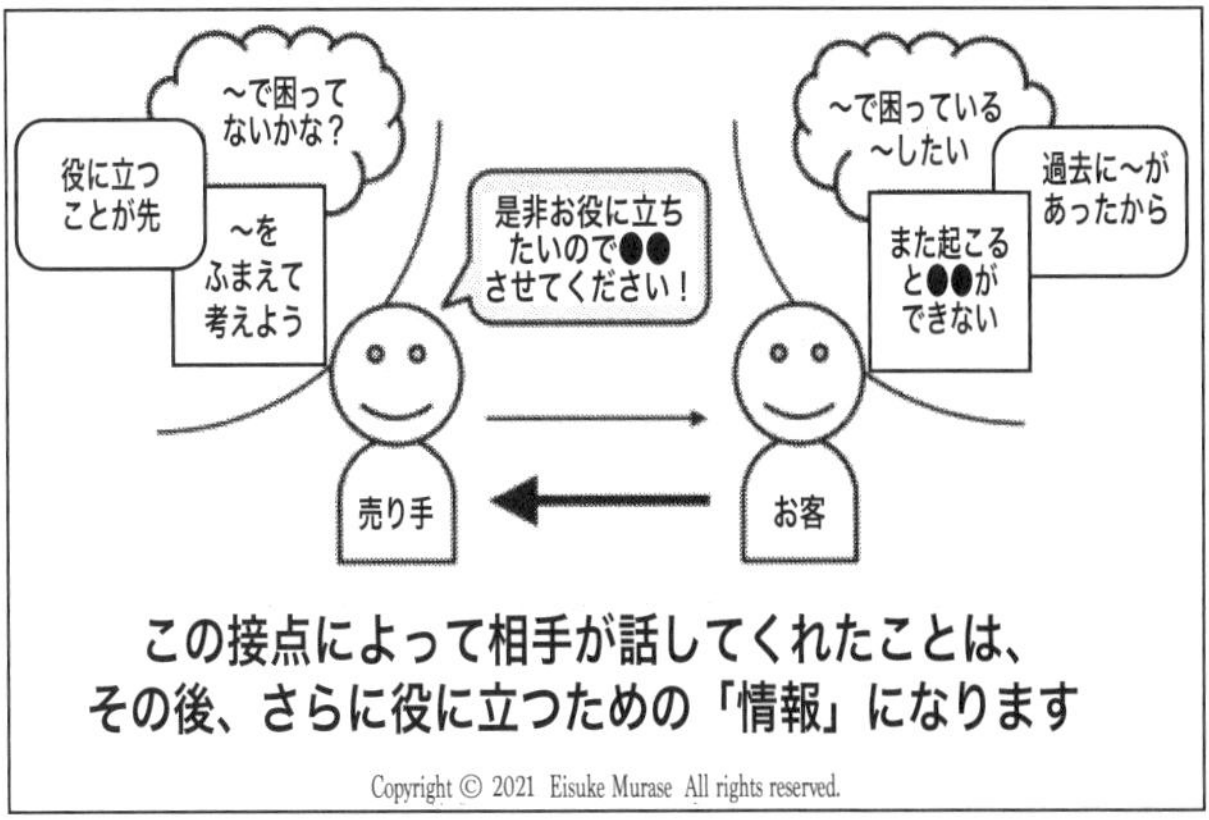
～で困ってないかな？
役に立つことが先
～をふまえて考えよう
是非お役に立ちたいので●●させてください！
～で困っている～したい
過去に～があったから
また起こると●●ができない
売り手
お客
この接点によって相手が話してくれたことは、
その後、さらに役に立つための「情報」になります
Copyright © 2021 Eisuke Murase All rights reserved.

様子）が変わってきます。

そしてその発信こそが、売り手側にとって、さらに役に立つための「情報」となります。その時のお客側の発信は、「発信したいこととしての発信」になっているからです。

このやり取りが「ヒアリング」なるものです。

こちら都合でほしい情報を手に入れるためによく来場者アンケートなどを見かけますがあれは露骨に「売りたい・買わせたい」と相手に思わせてしまっているだけです。

お客が話したいと思うことを話してもらい、その中から「情報」を拾うくらいの労力は最低限必要なのです。

相手から「わかってくれている」、「わかろうとしてく

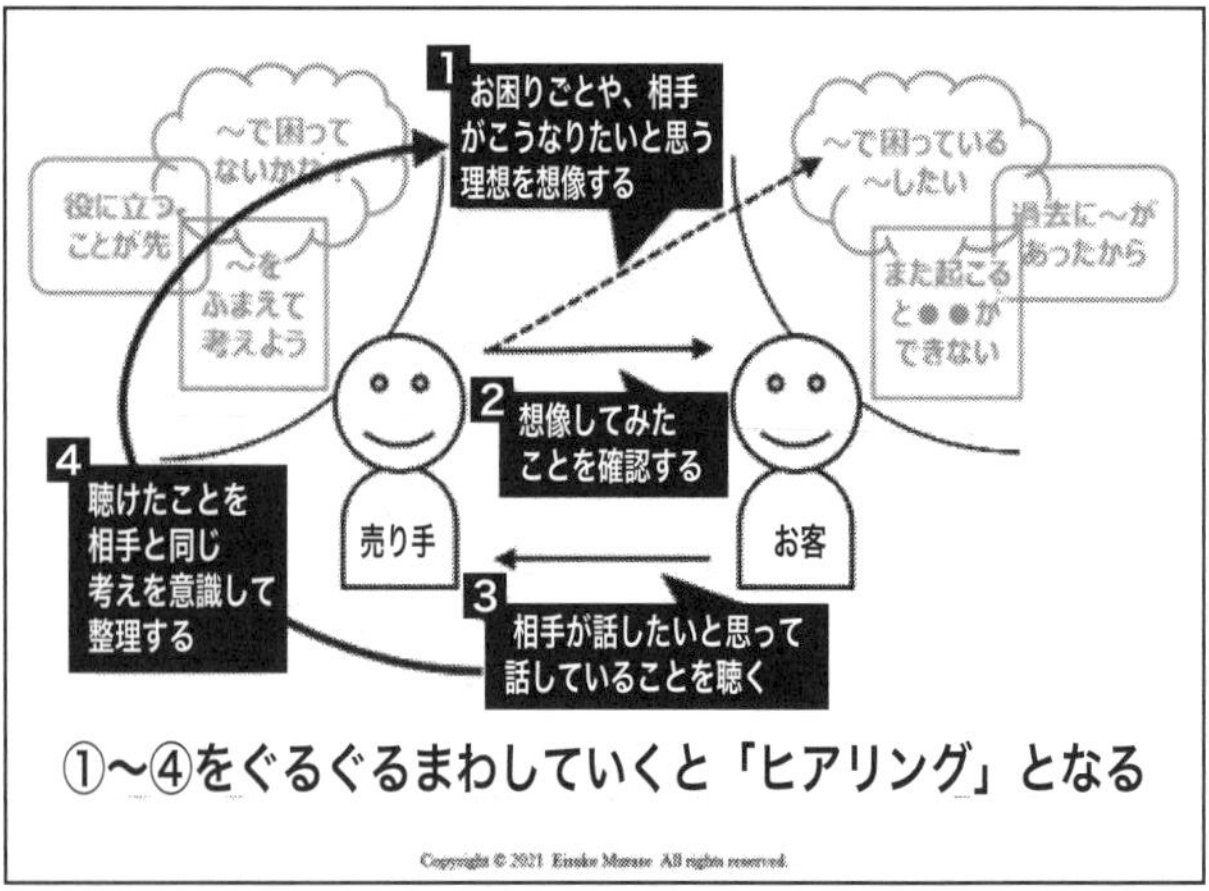
1 お困りごとや、相手がこうなりたいと思う理想を想像する
〜で困ってないかな
役に立つことが先
〜をふまえて考えよう
〜で困っている〜したい
過去に〜があったから
また起こると●●ができない
2 想像してみたことを確認する
売り手
お客
3 相手が話したいと思って話していることを聴く
4 聴けたことを相手と同じ考えを意識して整理する
①〜④をぐるぐるまわしていくと「ヒアリング」となる

れている」と思ってもらうためには、相手都合で相手のことを考えるということを、「行動」ではなく、「行為」としてすることです。

その考え方の手順が上の図の流れです。これを繰り返していきます。

効率とは本来、相手が話したいことを話してくれて、ポジティブな感情を持ってもらえることであり、「短い時間でこちらの欲しい情報をより多く集めて獲得する」という自己都合のことではありません。これらは「生産性」の考えが転倒していることが起きてしまっているととらえ、本当の効率とは何か？本当の生産性とは何か?を見直すのも良いかと思います。

自己都合のオペレーションは、お客からも、社内の現場からも淘汰されてしまうからです。

次に、ここでお伝えしたことについて、実際に手順を踏みながら読まれているみなさんが実験をしてみましょう。実験とは、相手から「わかってくれている」、「わかろうとしてくれている」と思ってもらえるかどうかの実験のことです。

次のページ以降で、その手順を説明していきますので、お手元にパソコンで実験内容を打ち込んでみるか、手元にメモ用紙を用意して書き込むか、いずれかで実践されてみてください。

実験は、自動車販売に関する例で進めていきます。

ほかの業界の方もぜひ自分の取り扱う商品やサービスに置き換えて考えてみてください。（そうしやすいと思える実験です。）

実験は、二人ペアでやり取りができることを前提に進めてください。

シート①	名前
1 名前・年齢・家族構成	
2 今乗っている車	
3 次に乗ってみたい車	
4 今ハマっていること / 楽しいと思っていること / 時間があればしたいこと（※自由に書いてOK）	
5 将来してみたいこと（※３年くらいの少し先）	

★なるべく頑張って書いてみてください★

まず、実験を進めていく上で、二つのシートの記入をお願いします。

一つめは上図のシート①です。

上記の内容をペアである二人がお互いに記入をされてください。

2と3については今もし車をお持ちでない方は、3のみ将来乗ってみたい車を思い浮かべて書き出してみてください。4と5については車のことから離れて考えてみてください。

書き終わったらお互いのペア相手には見せず、手元に置いておいてください。

次に2つめは次頁のシート②です。

シート②

名前

1	名前・年齢・家族構成	
2	今乗っている車	
3	次に乗ってみたい車	
4	購入検討時期 (※直近でも先でも数字で)	
5	お店選びのポイント	

★なるべく頑張って書いてみてください★

シート①同様に、上記の内容をペアである二人がお互いに記入をされてください。

1と2はシート①と同じでOKです。

車をお持ちでない方は、3の将来乗ってみたいと思う車を思い浮かべて書き出してみてください。4については、手に入れられるとしたら?と考えてみてください。5については、自動車販売店の方は、できるかぎりお客の立場になって考えてみてください。

書き終わったら、お互いのペア相手にはまだ見せず、手元に置いておいてください。

実験その1

ペアを組んだ相手とお互いのシート①を交換し
相手のシート①の内容を聴きだせるように
するための会話の骨組みをつくる準備をする
（事前準備⇒5分）

⬇

シート①の内容を聴きだす会話のやりとりをする
自分なりに思うことも伝えてみながらする
（実験その1⇒5分）

ここまで用意できましたら、いよいよ実験をしていきます。

では実験その1です。

上の図と次頁のような手順で進めてください。

まずはペア相手とシート①を交換し、相手がどんな考えを持っているのかを事前に把握しておきましょう。普段の接客であればその内容はわからないことが殆どですが、実験ですのであらかじめ分かっている状態で進めます。そしてその分かっている状態の利を活かして「どんな聴き方をしてみようか？」というように質問の仕方を自分なりに考えてみましょう。理由としては、尋問にならないための工夫をできる・できないは置いておいて考えることで、相手のことを考える思考になりやすいからです。

シート①のやり取り手順

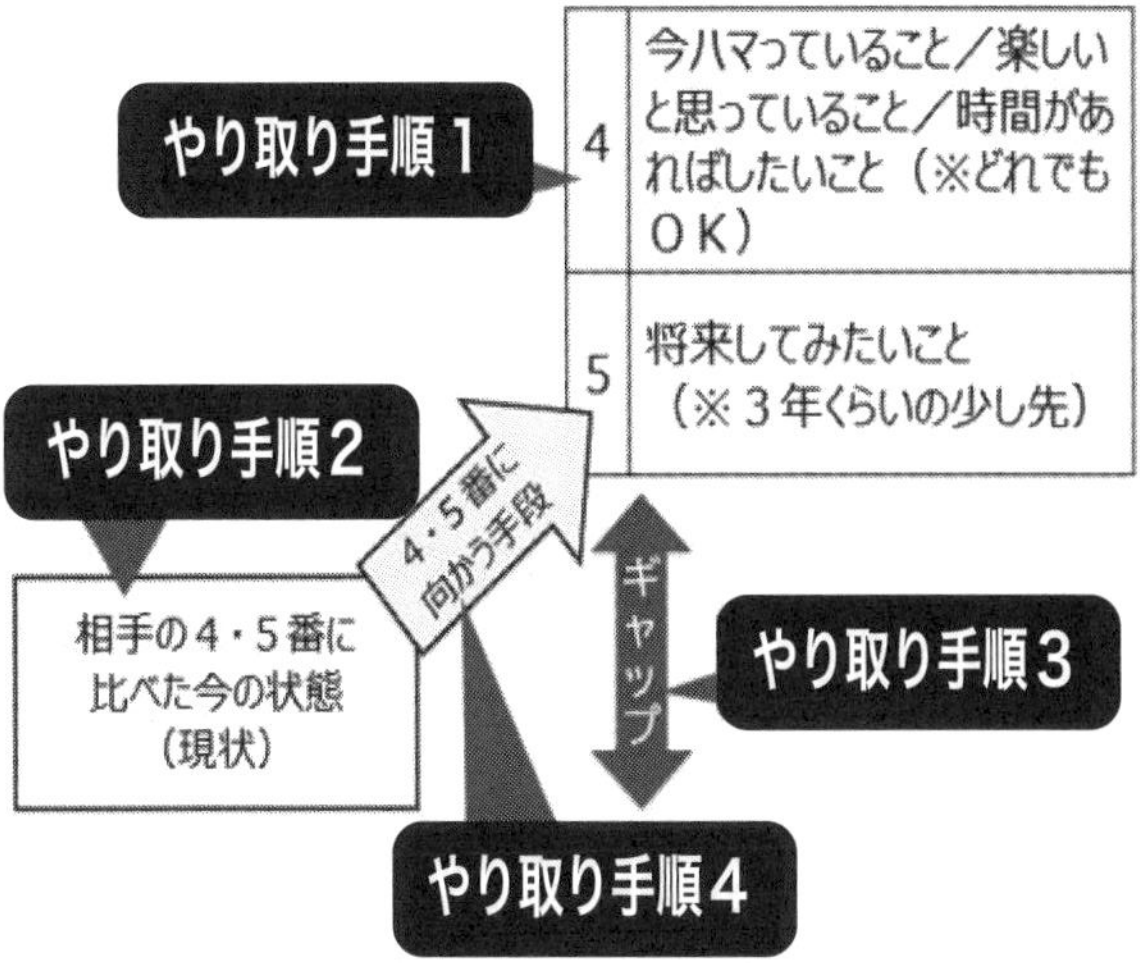
やり取り手順１
4
今ハマっていること／楽しいと思っていること／時間があればしたいこと（※どれでもＯＫ）
5
将来してみたいこと（※３年くらいの少し先）
やり取り手順２
4・5番に向かう手段
相手の４・５番に比べた今の状態（現状）
ギャップ
やり取り手順３
やり取り手順４

やり取り手順１ 相手の４・５番について、自分なりに理解を深めてから、聴き、会話をしてみましょう

やり取り手順２ 相手の４・５番に対して、今はどんな状態（現状）なのかを聞いてみましょう

やり取り手順３ ４・５番と今の状態の間の想像できる問題や可能性を考え、相手に確認してみましょう

やり取り手順４ 最後に、ここまでの話を受け、“提案してみたい”と思った車種とその理由を伝えてみてください

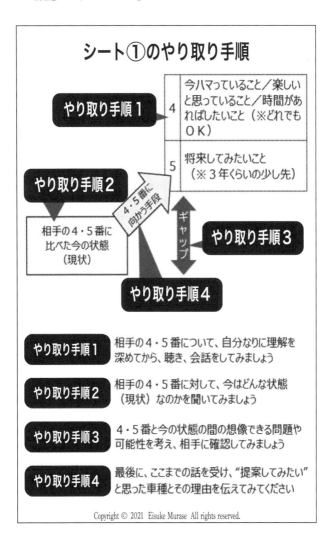

その上で会話をすることにチャレンジしてみましょう。

シート①の実験では、前頁図の手順で会話をされてみてください。事前準備で相手のシート①は読んでいると思いますので、その内容を聴きだすための話す順番だと思ってください。

やりとりをしていく上で、スムーズに会話するコツとしては、自分なりで良いので一つ一つ相手が話してくれたことに何らかの反応を示すことを怠らないようにしてみてください。

それぞれ実施する人のレベルはあると思いますので、「そうなんですね！」という簡単な反応からでもよいです。その上で少しずつ相手の話してくれたことへの感想や、相手の気持ちに寄り添おうとして、自分なりに言える言葉を発してみましょう。

実験その２

同じようにペアを組んだ相手とシート②を交換
相手のシート②の内容を聴きだせるように
するための会話の骨組みをつくる準備をする
＊シート①の内容は使わない
（事前準備⇒５分）
↓
相手の書いたないようにそって車種の買替えを
してもらえるよう話してみましょう
（実験その２⇒５分）

次に実験その２です。

上の図のような手順で進めてください。まずはペア相手とシート②を交換し、相手の車購入に対する検討状況を事前に把握しておきましょう。実験ですので、あらかじめ分かっている状態で進めていきます。

この場合、先の実験その１でやり取りした内容は無いものとして、あくまでもシート②の内容だけで話を進めてみてください。

また実験その１同様に質問の仕方を自分なりに考えて尋問にならないための工夫をできる・できないはさておき、努めてみましょう。

実験その２は、会話の手順も普段からお客に聞かれていることかと思いますので、自分なりに考えてされてみてください。

〈実験その1・その2を終えて〉

実験してみて頂けましたでしょうか。それではまず振り返りの進め方を説明します。

まずシート①②に次のことを記入し「聴かれた側」としての「感じたこと」をお聴かせください。

1. どちらのやり取りのほうが自分のことを「わかろうとしてくれている」と感じましたでしょうか？

2. 自分がお客だったとしたら、どちらから車を購入したいと思ったでしょうか？
またそれはなぜ（理由）でしょうか？

おそらくこの実験をすれば、みなさんは実験その1のやり取りをした相手から車を購入したいと思われたかと思います。

次にシート①②を「聴いた側」としての「感じたこと」をお聴かせください。

1．どちらのやり取りのほうが相手の反応が良いと感じ接することができましたか？

2．どちらのやり取りのほうが、車を購入してもらえたとしたら、長い良いお付き合いができると思いましたか？　またそれはなぜ（理由）ですか？

聴かれた側で答えたことと比べてみても、聴いた側での感触の良し悪しはみなさんが今想定できた通りだと思います。

なぜそうなるのか？　これには次の理由があると思います。

実験その1は相手そのものを知りに行こうとしていて、
実験その2は車のことをどう思っているかを知りに行こうとしています。

つまり、相手のことを「知っている状態」または「知ろうとしている状態」になるためのものが実験その1には「在った」ということです。

実験その1は、

相手の未来の理想にむけて「感情」や「考え方」に触れる「事情・都合」へのはたらきかけによる、「コミュニケーション」の要素があったやりとりで、

実験その2は、

車のことだけに特化して、買ってもらえるようにするためだけにはたらきかけた商品・サービスの「インフォメーション」の要素のあるやりとりでした。

実は普段の接客ではほとんどが、実験その2の要素でお客と接してしまっていて、「わかろうとしてくれている」という状態をつくれていないのではないでしょうか。

実験その2のインフォメーションの要素でやりとりをすることが悪いというわけではありません。必要なことではありますが、そのインフォメーションを活かすためのことをせずに接客をさせてしまっているオペレーションをしているマネジメント側に問題があるということです。

次頁の図のように、これを現場任せにしていると、「言ったことができていない」あるいは、「考えて行動しないヤツが悪い」という判断をしてしまうことが起きます。「言ってはいるんだけどね〜」とちゃっかり間接的に他責発言をすることも起きます。

この起きていることを経営者やマネジメントに従事している人たちが引き起こしていると自覚して考えて受け止め、オペレーションを構築していくことがより必要な時代にもなりました。

これ自体、立場などのポジションパワーを使うことは、もうごまかしが効かないと受け止め、現場を活かすことに正解探しに陥らずに努めることです。

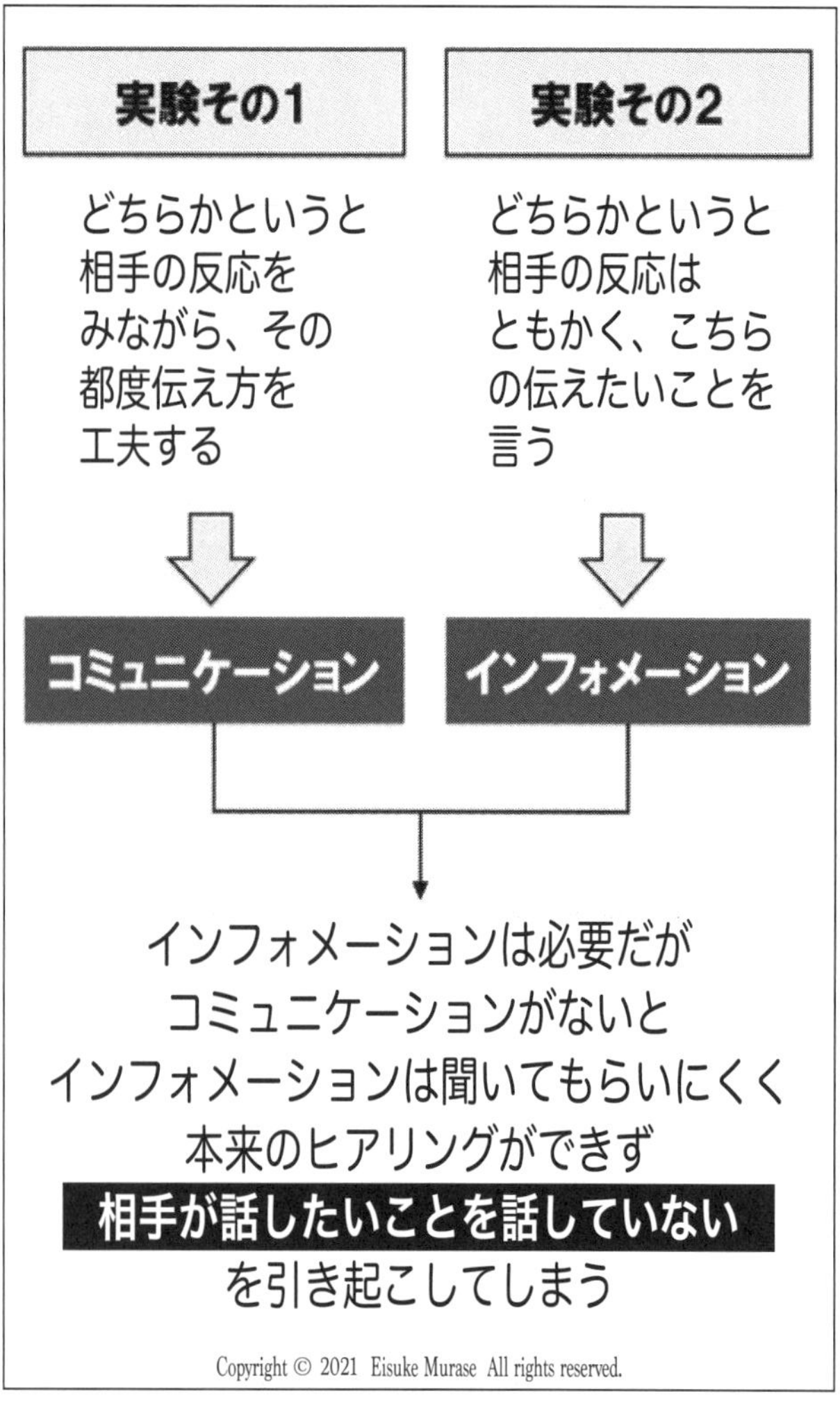
実験その1
どちらかというと
相手の反応を
みながら、その
都度伝え方を
工夫する
コミュニケーション
実験その2
どちらかというと
相手の反応は
ともかく、こちら
の伝えたいことを
言う
インフォメーション
インフォメーションは必要だが
コミュニケーションがないと
インフォメーションは聞いてもらいにくく
本来のヒアリングができず
相手が話したいことを話していない
を引き起こしてしまう
Copyright © 2021 Eisuke Murase All rights reserved.

せっかくですので別の例でも検証してみます。

例えば、次頁の図はとあるコスメショップで保湿クリームを買いに来たケースの話です。インフォメーションとコミュニケーションのそれぞれやりとりの違いが分かると思います。

そして仮にお客がその場では買わずに「検討する」と言って帰った時に上司に対してどんな理由を言っているのかも違ってきます。

大概の上司は無意識と無自覚に自分の正当性を確保するために、「なんでこういうことが分からないのかなぁ、いつも言っているのに」と言うように、スタッフAの理由をそのスタッフのせいにする「他責マネジメント」をします。ここでいうなら、インフォメーションしかしていないことをメンバーのレベルのせいにしています。

コミュニケーションの要素を盛り込んだオペレーションをしていないことを棚に上げてダメ出しをしていてはメンバーの成長は望めません。

この場合、メンバーを成長させることを怠り、他責にしているのはマネジメント側です。

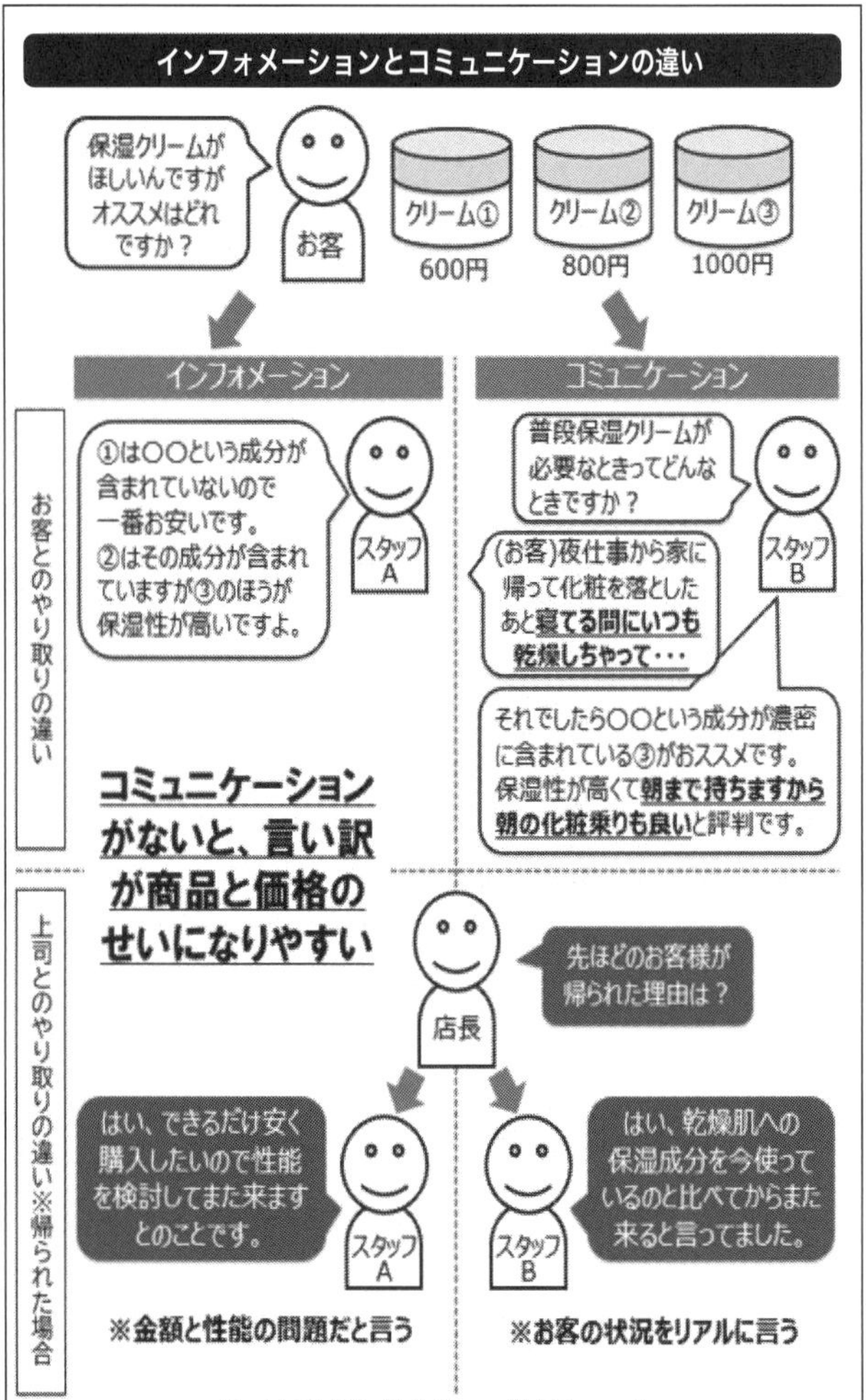
インフォメーションとコミュニケーションの違い
保湿クリームがほしいんですがオススメはどれですか？
お客
クリーム①
600円
クリーム②
800円
クリーム③
1000円
インフォメーション
コミュニケーション
お客とのやり取りの違い
①は○○という成分が含まれていないので一番お安いです。②はその成分が含まれていますが③のほうが保湿性が高いですよ。
スタッフA
普段保湿クリームが必要なときってどんなときですか？
スタッフB
(お客)夜仕事から家に帰って化粧を落としたあと寝てる間にいつも乾燥しちゃって・・・
それでしたら○○という成分が濃密に含まれている③がおススメです。保湿性が高くて朝まで持ちますから朝の化粧乗りも良いと評判です。
コミュニケーションがないと、言い訳が商品と価格のせいになりやすい
上司とのやり取りの違い※帰られた場合
店長
先ほどのお客様が帰られた理由は？
はい、できるだけ安く購入したいので性能を検討してまた来ますとのことです。
スタッフA
スタッフB
はい、乾燥肌への保湿成分を今使っているのと比べてからまた来ると言ってました。
※金額と性能の問題だと言う
※お客の状況をリアルに言う

お客への接点は、インフォメーションのみですと、「誰にでも同じことを言っているんだろうな」と思われますし、案内している側も実は心の中で「この説明で買ってくれ……」と思いながら接しているかもしれません。

それでは売り手側も、お客側も言いたいことを言えてない状態です。

「接していながら接していない」が形成されてしまっています。

「どうコミュニケーションをとっていいかわからない」という現場の声も出ます。

あるいは「私は話すのが苦手だから」とか、さらには「国語が苦手だから」など、コミュニケーションが苦手であることを根幹の言語にまで及ぼす理由として言ってくることもあります。

本人の努力は必要です。ただ、残念ながら努力しやすい環境をつくっていなく、逆に足を引っ張っている自覚もしていないのはマネジメント側や経営者のほうです。

もし、そういうメンバーに

「上手にできる・できないはともかくとして、
お客が何に困っているかを探すようにはたらきかけてみよう」

と助言をして、お客とのやりとりがあるたびに「お客はどんなことに困っていた?」と聴き続けてあげれば、ちゃんとレベルアップしていくと思います。

もちろん人それぞれの成長スピードはありますが、

「できない・できていないの理由はマネジメント側がつくっているだけ」

と思うことを立脚点にするほうが、色々なことがうまくいきます。

ヒアリングをしやすくするために、人の思考の構造を理解する。

「ヒアリング」とは、「売り手側が聞きたいことを聞く」ではなく、

「お客が話したいと思うことを話せている」をつくること。


ここまででお伝えしてきました。

ではここでは、

「話したいことを話してもらうために」

人の思考の構造とコミュニケーションをとるポイントを解説していきます。

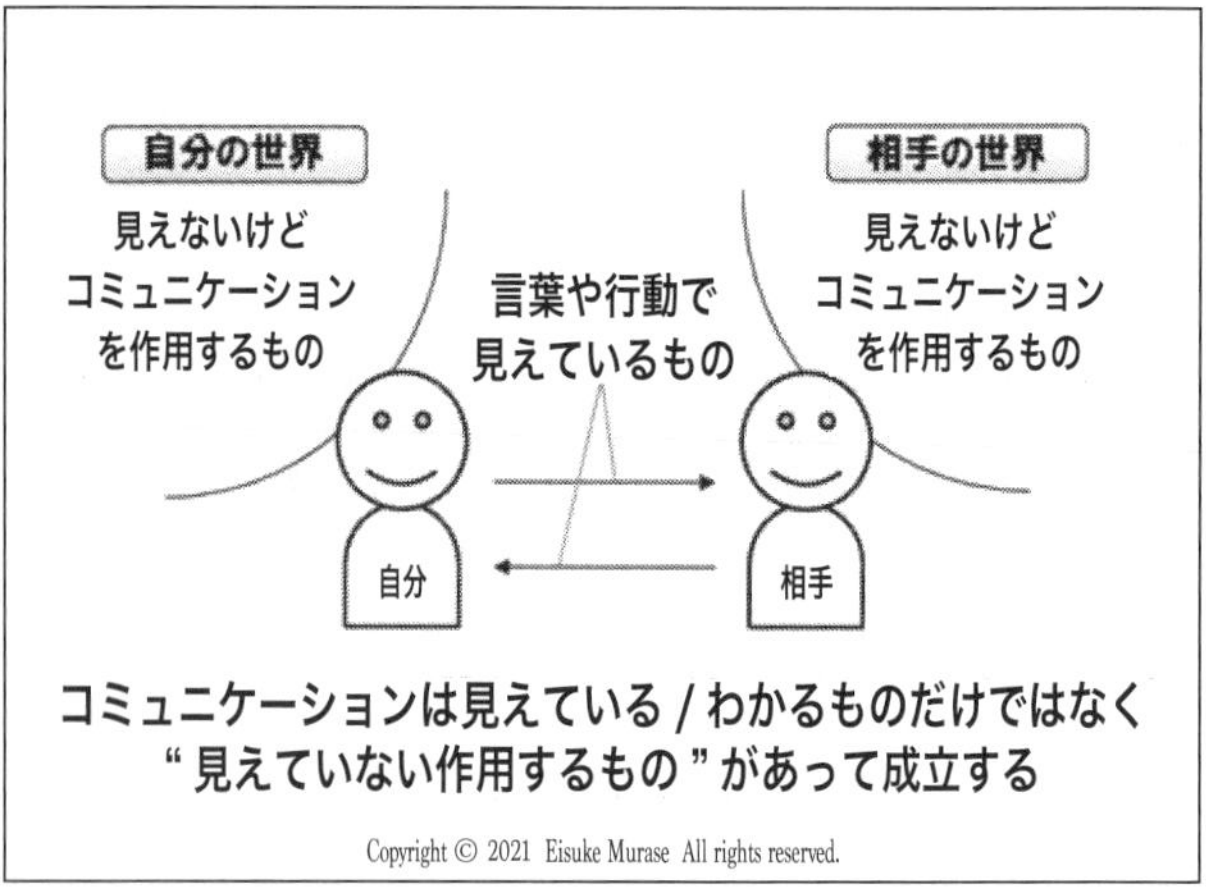

自分の世界
見えないけど
コミュニケーション
を作用するもの
言葉や行動で
見えているもの
相手の世界
見えないけど
コミュニケーション
を作用するもの
自分
相手
コミュニケーションは見えている / わかるものだけではなく
“見えていない作用するもの”があって成立する

図のように、コミュニケーションなるものが起きているときは、本来、親や子供、あるいは友人と話したり、やりとりをしているときは、見えていない「作用」も感じているはずです。

これが接客やセールスとなると、おそらく会社で決めた目標やマニュアルに引っ張られ、

「見えているもの・わかった（と思える）こと」

しか見なくなることが起きがちです。

大前提としてコミュニケーションは、

「見えない作用するもの」

これがあって成立しているものと思っておくことです。

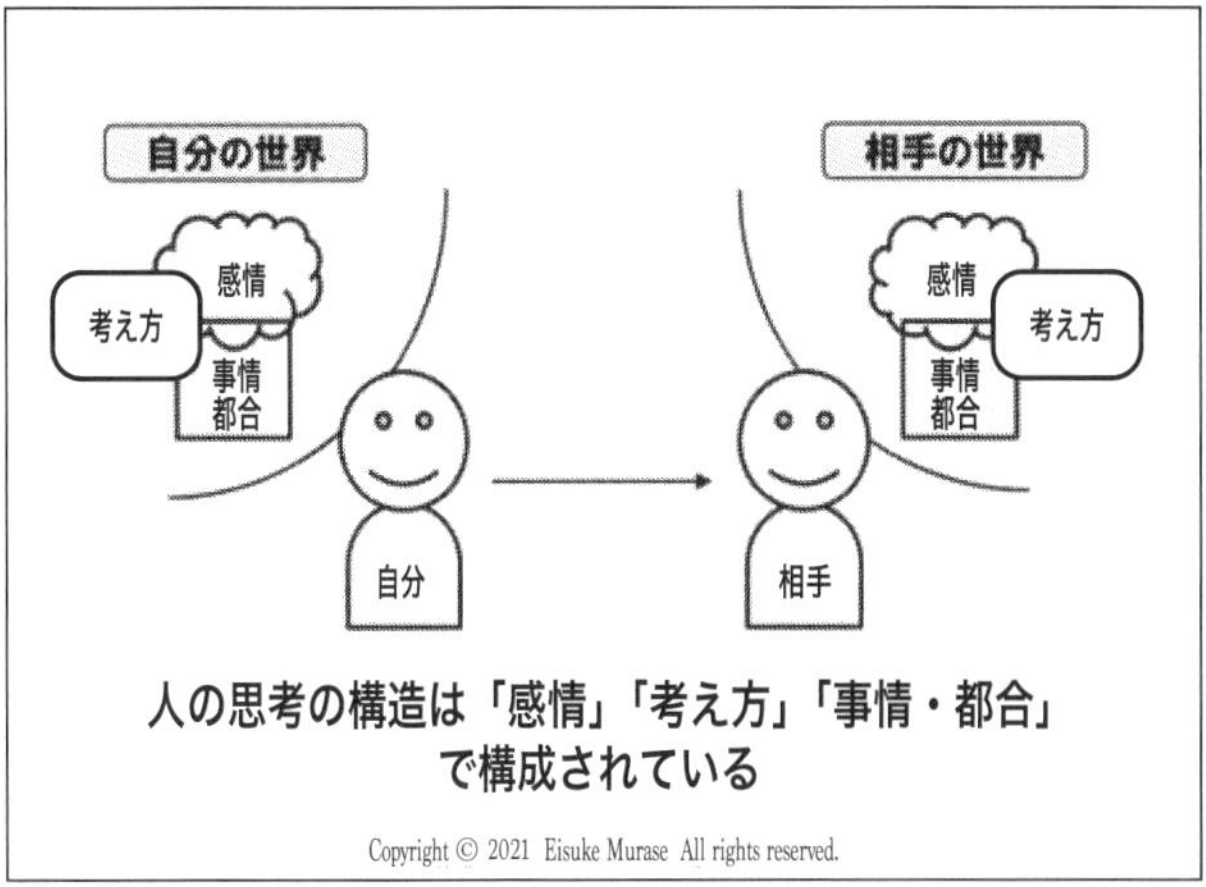
自分の世界
相手の世界
感情
考え方
事情
都合
自分
感情
考え方
事情
都合
相手
人の思考の構造は「感情」「考え方」「事情・都合」
で構成されている

上記の図をみてください。
その作用するものとは人の「思考」です。
そしてその思考は、

「感情」↓思考すると湧き出てくるもの
「考え方」↓その人の価値観であり、大切なもの
「事情・都合」↓その人が置かれている状態や状況

これらで（もちろんすべてではないですが）大まかに
構成されています。

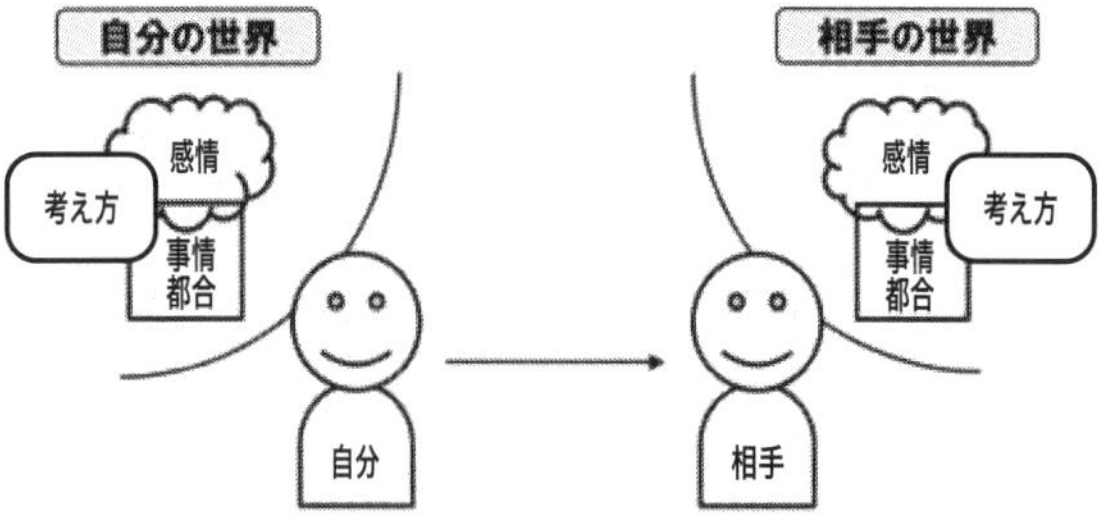
自分の世界
相手の世界
感情
考え方
事情
都合
感情
考え方
事情
都合
自分
相手

人は思考すると感情が生まれ、その感情を実現させようとまた思考する（考え方や事情・都合を優先しがち）

上の図をみてください。

人は思考すると感情が生まれ、今度はその生まれた感情を実現させようと思考します。

例えば、道すがら向かい側から来た人と肩がぶつかったとしましょう。

その時、「痛い」という感情が沸いてきたら痛い思いをさせた相手のことをネガティブなイメージで考えます。

ぶつかった人に対し、「もしかしたら急いでいたのかな？」とはなかなか思わないです。

自分の考え方や、事情・都合を優先しがちです。

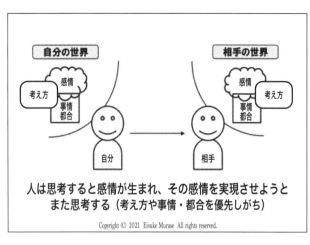

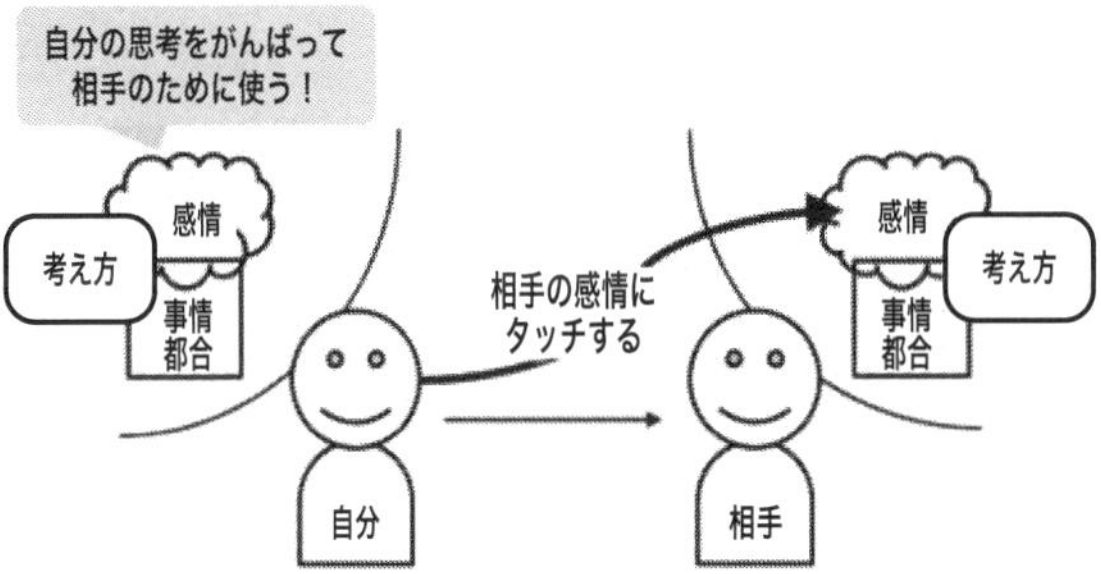
自分の思考をがんばって
相手のために使う！
感情
考え方
事情
都合
相手の感情に
タッチする
感情
考え方
事情
都合
自分
相手
相手のことを「勝手に心配し具体的に想像」し、
相手が思っているであろうことをがんばって言う

上の図をみてください。

思考の特性をふまえ、
「自分の思考ではなく相手の思考を考える」、
これをがんばって「する」ことです。

具体的には、相手のことを
「勝手に心配し具体的に想像」することです。

「勝手に心配し具体的に想像」したことを、あとは伝えたり、聴いたりを「する」ことで相手の感情に触れることにつながります。

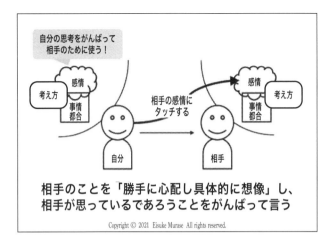

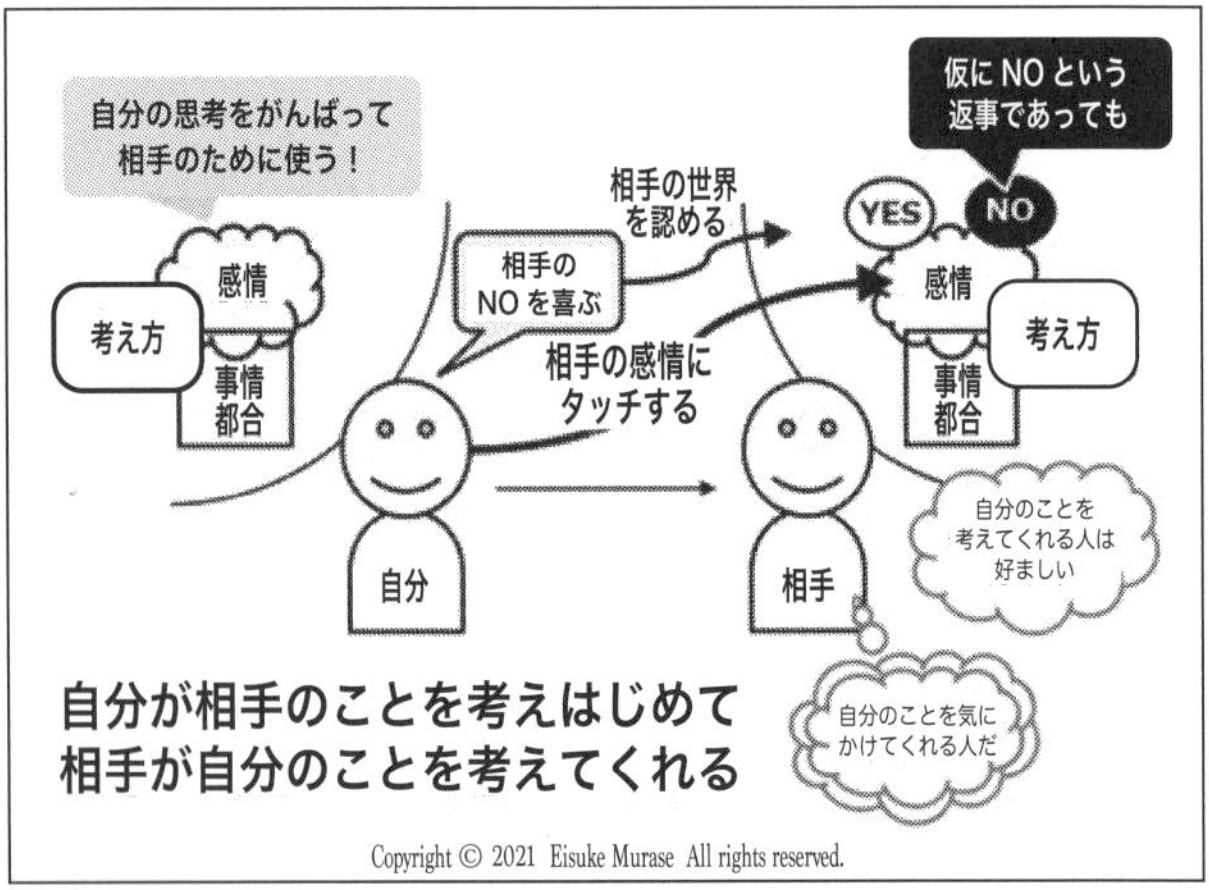
自分の思考をがんばって
相手のために使う！
感情
考え方
事情
都合
相手の
NOを喜ぶ
相手の世界
を認める
相手の感情に
タッチする
仮にNOという
返事であっても
YES
NO
感情
考え方
事情
都合
自分
相手
自分のことを
考えてくれる人は
好ましい
自分のことを気に
かけてくれる人だ
自分が相手のことを考えはじめて
相手が自分のことを考えてくれる

あとはその感情に触れたとき、どうしても

「反応が良いこと」

「触れたことが当てはまること」

「『違う』と思われることを避ける」

これらを求めがちになりますが、それは自分の感情を優先していることになります。

右に書いたことではない反応であっても、「反応してもらえたこと」こそが重要と思ってください。

反応があることでまたそれに対して「勝手に心配し具体的に想像」していくことが可能になります。

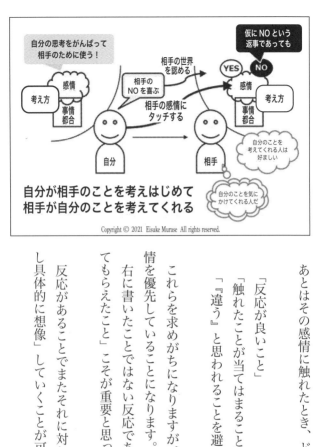

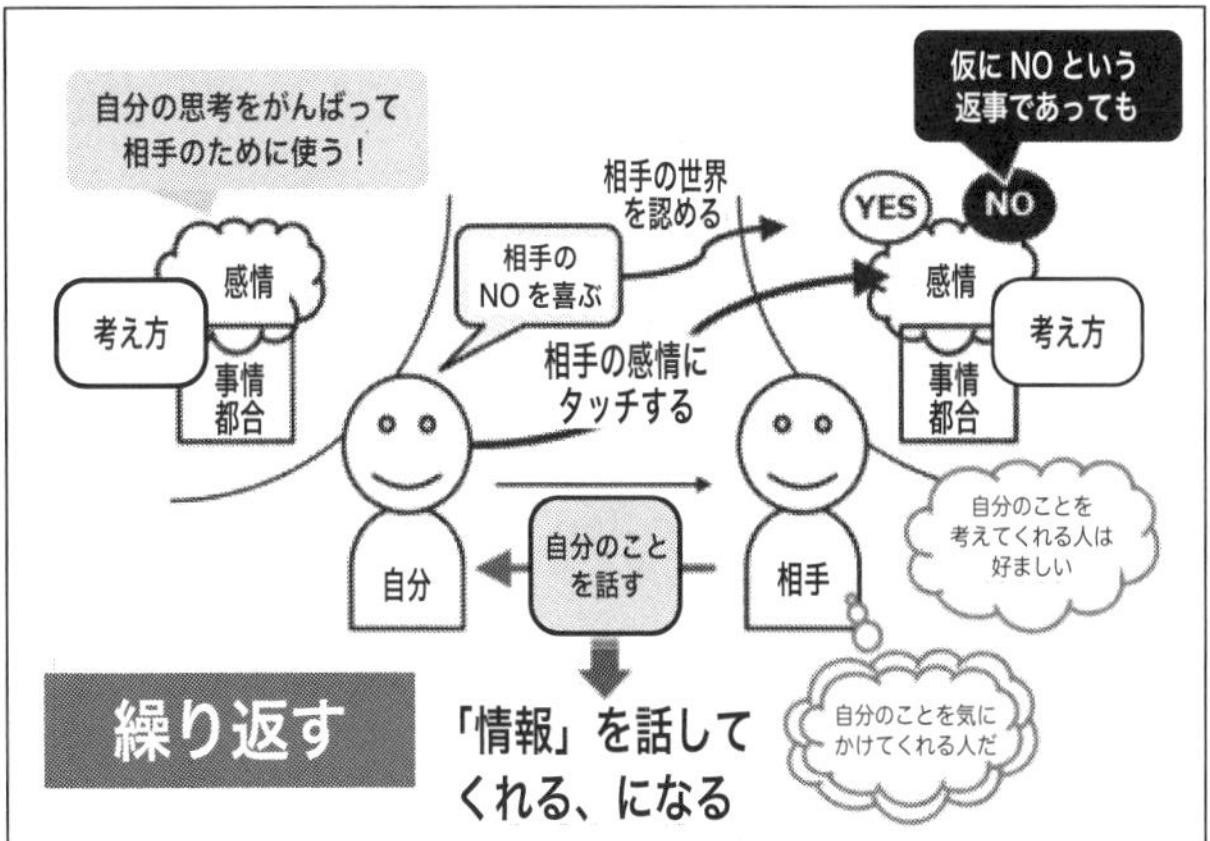
仮にNOという
返事であっても
自分の思考をがんばって
相手のために使う！
相手の世界
を認める
YES
NO
感情
考え方
事情
都合
相手の
NOを喜ぶ
相手の感情に
タッチする
感情
考え方
事情
都合
自分のことを
考えてくれる人は
好ましい
自分
自分のこと
を話す
相手
繰り返す
「情報」を話して
くれる、になる
自分のことを気に
かけてくれる人だ

「勝手に心配し具体的に想像」したことを伝えたり、聴いたりを「する」を繰り返すことで相手は自分のことを話してくれます。

相手のことを考えてあげることで、売る・買う、店・お客の関係には、様々な形で利害関係や力関係が起きますが、そこに、

「私のことをわかろうとしてくれている」

という感情が芽生え、その感情をもって

「正しいことをしてくれている」

「すじみちを立てて対応してくれている」

と相手のことを考えるようになり、自分のこと（情報）を話してくれる、になります。

大事なことは相手の反応があることそのものです。

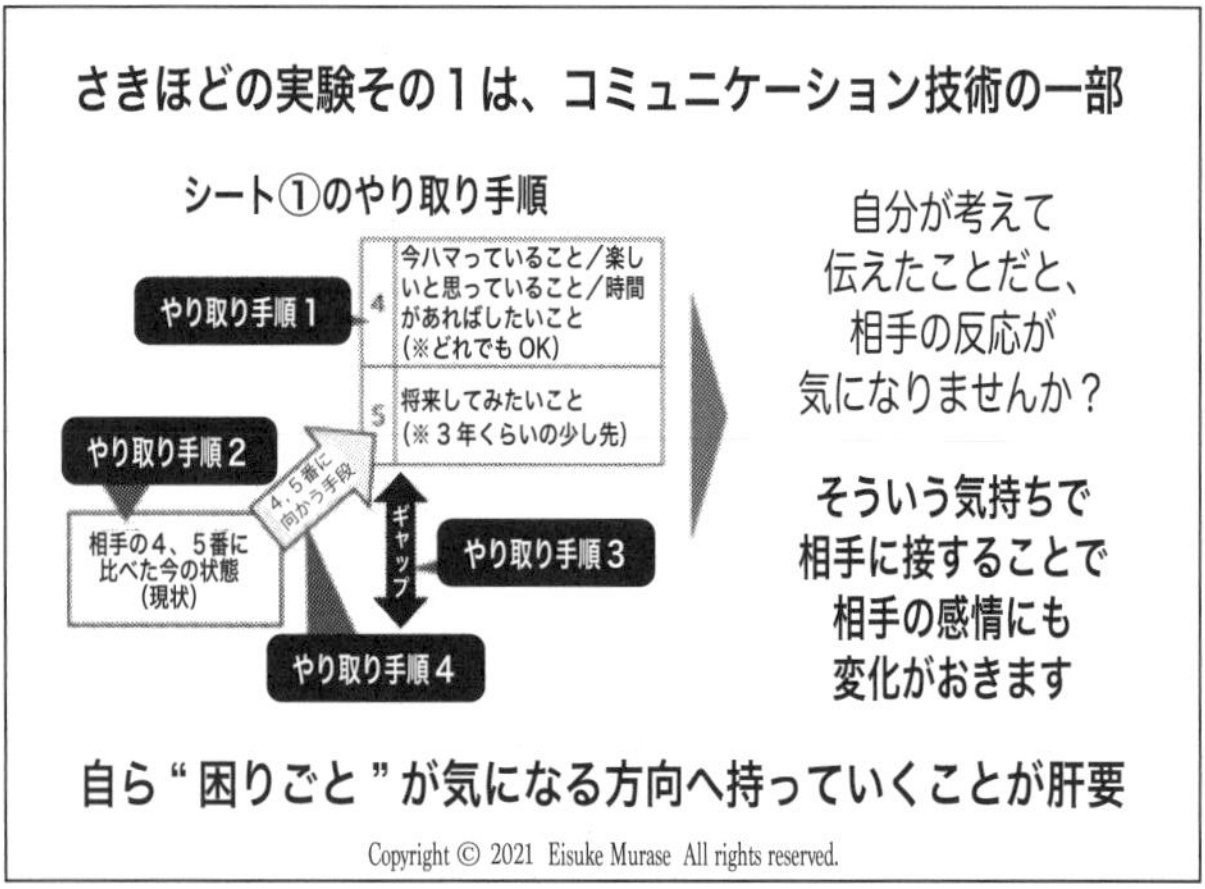
さきほどの実験その1は、コミュニケーション技術の一部
シート①のやり取り手順
やり取り手順1
4
今ハマっていること/楽しいと思っていること/時間があればしたいこと（※どれでもOK）
5
将来してみたいこと（※3年くらいの少し先）
やり取り手順2
4、5番に向かう手段
相手の4、5番に比べた今の状態（現状）
ギャップ
やり取り手順3
やり取り手順4
自分が考えて伝えたことだと、相手の反応が気になりませんか？
そういう気持ちで相手に接することで相手の感情にも変化がおきます
自ら“困りごと”が気になる方向へ持っていくことが肝要
Copyright © 2021 Eisuke Murase All rights reserved.

相手の反応があるということは、相手がシンプルに「反応してもいい」と思ってくれているので、そうすると、相手の「買う」意思の意図であり「買う」理由の相手の「事情・都合」が拾いやすくなります。

「事情・都合」がわかることがヒアリングの成果です。そしてその「事情・都合」を良化の方向に進めようとする行動が相手にとってのメリットです。

ちなみに先ほど試した実験その1はそれを引き出すためのコミュニケーション技術の一部です。

一部ですが、する・しないでは相手との関係性の変化に大きな違いがあります。

お客の「反応」には、色々なお客にとっての「事情・都合」が含まれています。
そして、その「事情・都合」こそ、お客のライフスタイルそのものです。

次に、みなさんにとって、
お客の「事情・都合」＝お客のライフスタイルに対して、
「勝手に心配し具体的に想像」したことを伝えたり、
聴いたりを「する」を繰り返していくことが、
なぜ重要なのかを図で解説します。

次のページの図をみてください。

扱う商品やサービスが他社にはない唯一無二であることはほとんどありません。
新しいものがリリースされたとしても暫くすれば類似はすぐに出ます。

相手の事情・都合（ライフスタイル）を知っている差は

そのお客にしてあげられることの多さの差

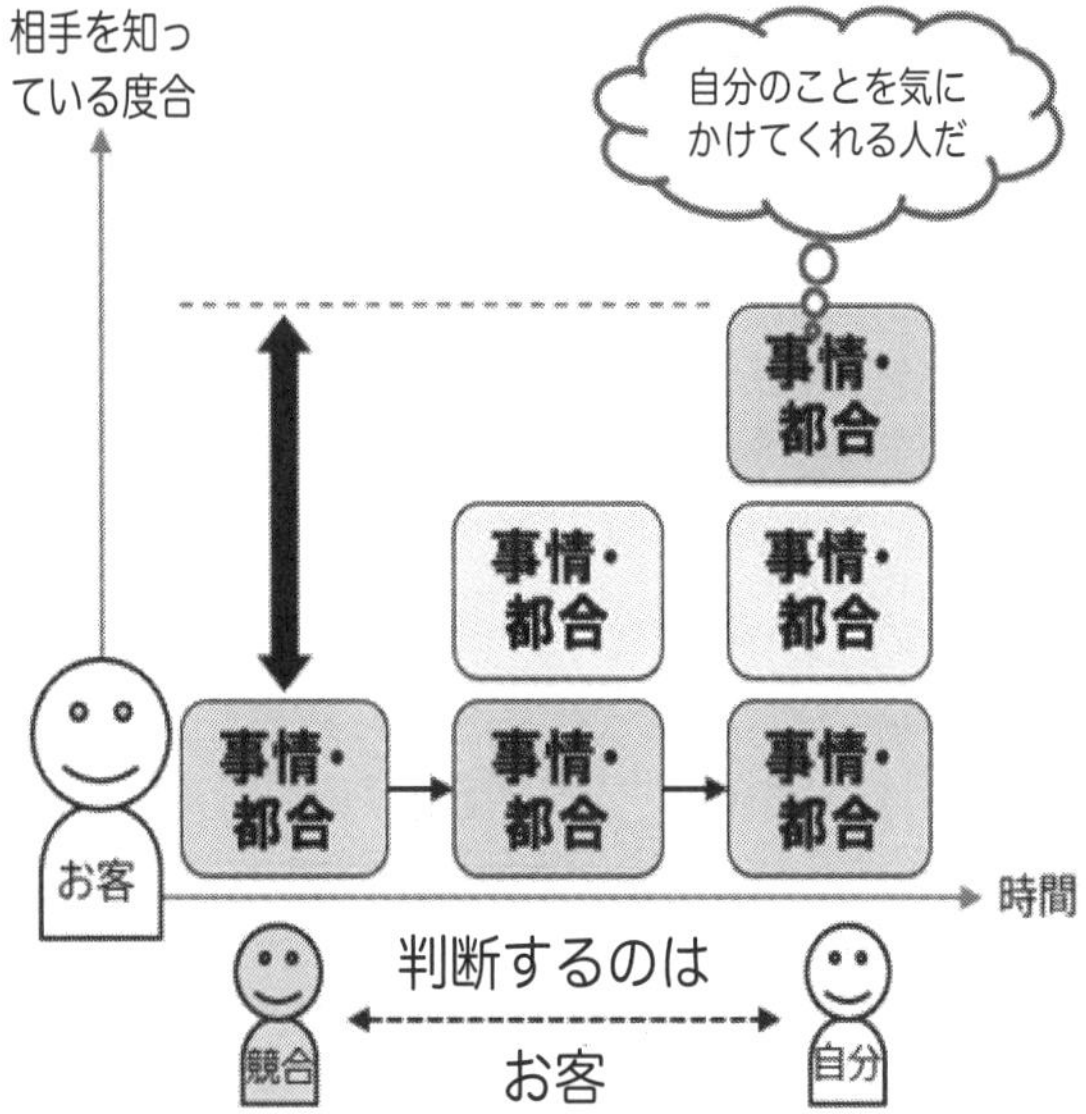
相手を知っている度合
自分のことを気にかけてくれる人だ
事情・都合
事情・都合
事情・都合
事情・都合
事情・都合
事情・都合
お客
時間
判断するのは
お客
競合
自分

相手の事情・都合を知ってても、何もしなければ
お客のそこで買う判断軸は価格だけとなりやすい
⇒ 知ったらアクションを起こすこと

別の言い方をすれば、どんなに良い商品であったとしても、

「相手の役に立つようにする」

こっちが軸でないと売れなくなります。

まだその扱う商品やサービスが新しい時は目新しさに、比較的能動的なお客が動いてくれただけです。

情報＝相手の事情・都合＝ライフスタイル

お客にしてあげられることの量を減らさない努力をしているところが選ばれますし、みなさんもお客の立場であれば選んでいるはずです。

ここまでのまとめ

お客の事情・都合＝ライフスタイルが重要なのは、
　相手の感情をポジティブにするために必要だから、です。

相手が、話したいことを話す＝「情報」であり、
　この「情報」を得ることが「ヒアリング」です。

次に「ヒアリング」を技術論としてまとめてみたものと、技術例を二つだけ紹介します。
技術例を二つだけ紹介する理由は、実際の接客では、型にはまらず
　「自分なりにがんばってみる」ことのほうが、
相手への対応が「一対一」として成立しやすいからです。

ですので技術例については、参考程度でお読みください。

ヒアリングとは、情報を集めるのではなく
“相手の事情・都合を聴く”こと

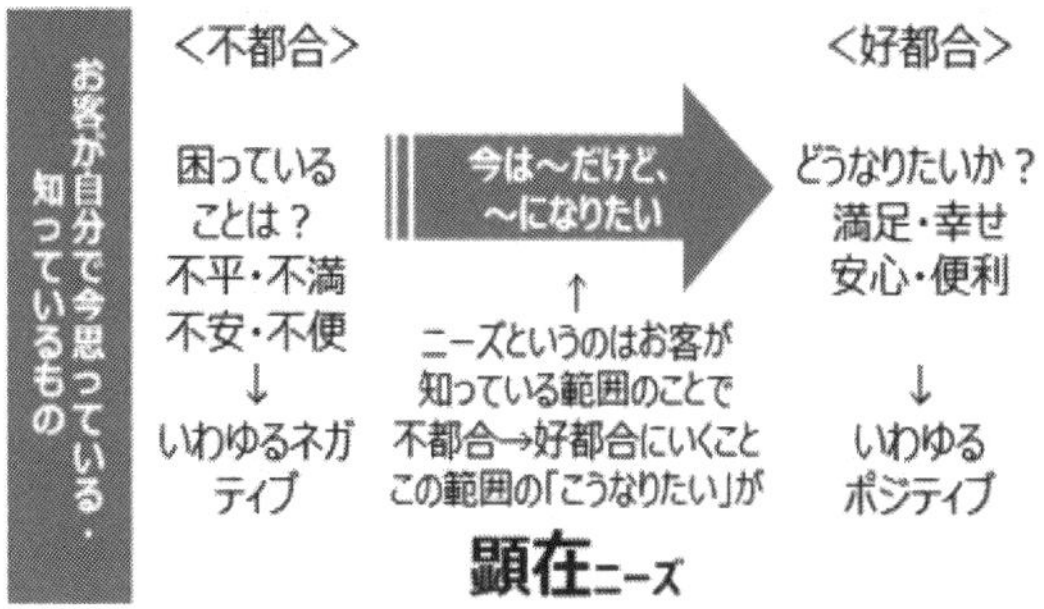
お客が自分で今思っている・知っているもの
<不都合>
困っている
ことは？
不平・不満
不安・不便
↓
いわゆるネガティブ
今は～だけど、
～になりたい
↑
ニーズというのはお客が
知っている範囲のことで
不都合→好都合にいくこと
この範囲の「こうなりたい」が
顕在ニーズ
<好都合>
どうなりたいか？
満足・幸せ
安心・便利
↓
いわゆる
ポジティブ

【1】ヒアリング技術論（ここまでを理論的に整理）

「ヒアリング」とは自分たちの欲しい情報を集めるのではなく、
「相手が話したいことを話しているのを聴く」とお伝えしてきました。
そうしていくことでまず聴けるのは、
「お客が自分で思っている・知っていること」で「顕在ニーズ」と言われるものです。
まずは、お客の話したいことはここから始まります。67頁の図の内容です。
当然この時点では自分たちの売りたい商品・サービスのことは考えません。
聴き切る前にそれをして、肝心なことを想定しそびれると
お客は「売りたいあなた」を見透かすからです。
では何を想定するのか？　次にそれを解説していきます。

ヒアリングとは、情報を集めるのではなく
“相手の事情・都合を聴く”こと
お客が自分で今思っている・知っているもの
<不都合>
困っていることは？
不平・不満
不安・不便
↓
いわゆるネガティブ
今は〜だけど、〜になりたい
↑
ニーズというのはお客が知っている範囲のことで
不都合→好都合にいくこと
この範囲の「こうなりたい」が
顕在ニーズ
<好都合>
どうなりたいか？
満足・幸せ
安心・便利
↓
いわゆるポジティブ
お客が自分で今は知らない・気づいていない・知ることができないもの
ネガティブ
=
潜在リスク
↓
自分で気づいていないネガティブを教えてくれるととてもありがたいと感じてくれる
たしかに〜だけど、〜になれたらいいね
↑
潜在ニーズ
ここは会話をしないと絶対に見つけられない
ポジティブ
=
未知のクオリティ
↓
これをつくりだすのがヒアリングの一番の目的。未来に向かってなれたらよいと思えることを投げかけたり、問いかけていき、お客をポジティブな感情にしていけるようにはたらきかけ続けること
潜在ニーズを引き出せるように“がんばるをする”ことが大事

想定するのは、

「お客が自分では今は知らない、気づいていない、知ることができていないもの」です。

ポイントはその人の「少し先の未来を考えてあげる」ことです。

顕在になった、「お客が自分で今思っている・知っているもの」を参考にして、

「勝手に心配し具体的に想像」するのをがんばってしてみて、

「このままだと〇〇になってしまうかも？」という「懸念」と、

「もし〇〇が解消できたら、もっと□□な状態になれるかも？」

という「希望」を当たる・当たらないではなく、考えてあげることです。


あとはこれまで解説をした通り、それを伝えたり、聴いたりして、お互いに
「そうなれたらいいね！」と思える「共通善」＝潜在ニーズを見つけることです。

「共通善」がみつかると、「提案」ができます。自動車販売店の場合、その「共通善」

を実現可能にさせるための手段であり機能が、みなさんの商品やサービスです。

これは会話をしないと絶対に見つけられないものです。

【2】ヒアリング技術例（代表的なものを二つ）

①「なぜ？」「どんな？」の行き来をする

一つめは、潜在ニーズを聴く際にも効果的な、事情・都合を掘り下げて聴くための「なぜ？」「どんな？」の行き来をすることです。

お客から話してもらえることとは、必ずしもいつも「具体的」とは限りません。むしろ、抽象度が高いことのほうが多いはずです。

「勝手に心配して具体的に想像」するためにも、具体にもっていくことが必要です。

そのために、「なぜ？」「どんな？」の行き来をしてみてください。

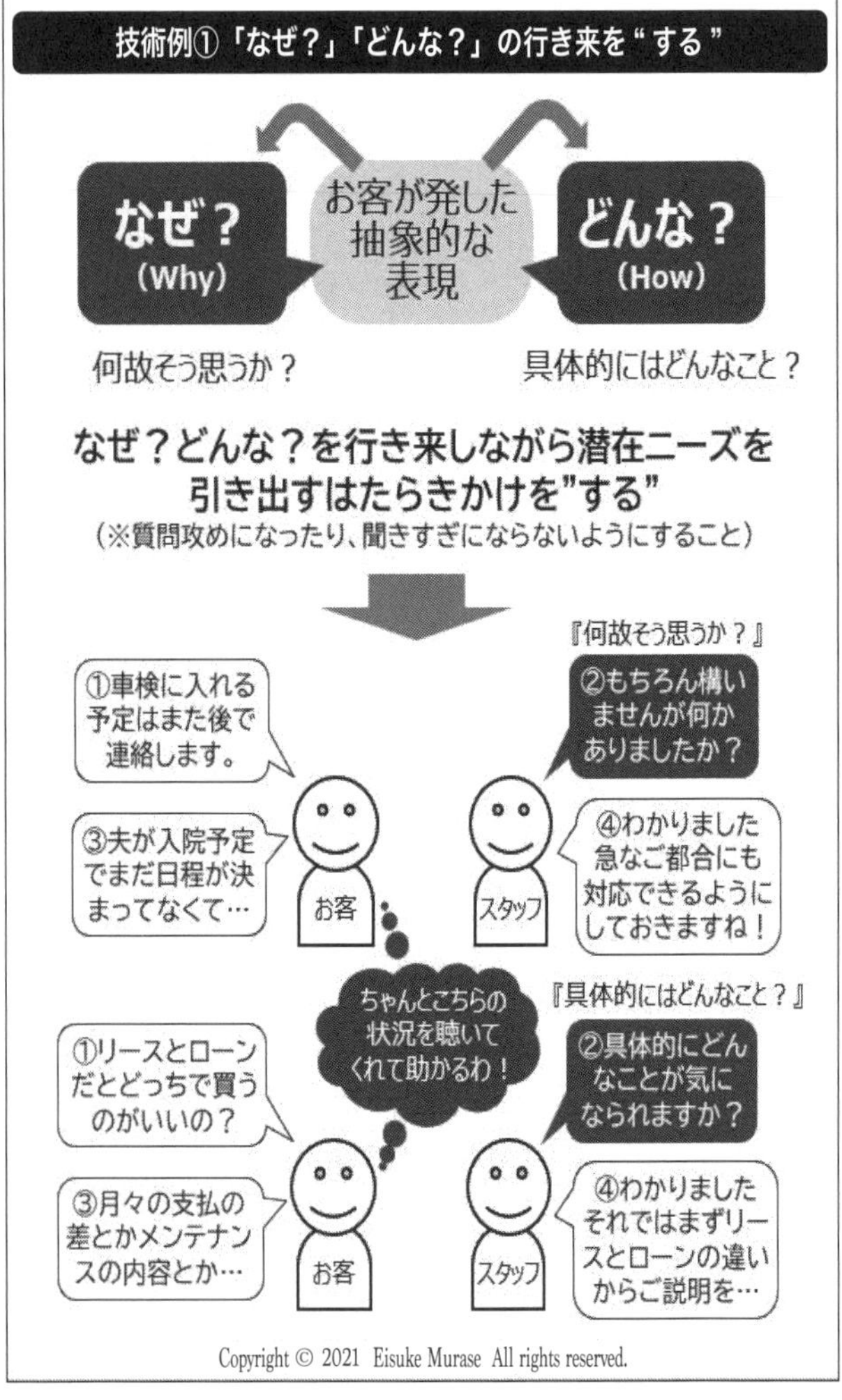
技術例①「なぜ？」「どんな？」の行き来を“する”
お客が発した抽象的な表現
なぜ？（Why）
どんな？（How）
何故そう思うか？
具体的にはどんなこと？
なぜ？どんな？を行き来しながら潜在ニーズを引き出すはたらきかけを”する”
（※質問攻めになったり、聞きすぎにならないようにすること）
『何故そう思うか？』
①車検に入れる予定はまた後で連絡します。
②もちろん構いませんが何かありましたか？
③夫が入院予定でまだ日程が決まってなくて…
④わかりました急なご都合にも対応できるようにしておきますね！
お客
スタッフ
ちゃんとこちらの状況を聴いてくれて助かるわ！
『具体的にはどんなこと？』
①リースとローンだとどっちで買うのがいいの？
②具体的にどんなことが気になられますか？
③月々の支払の差とかメンテナンスの内容とか…
④わかりましたそれではまずリースとローンの違いからご説明を…
お客
スタッフ

②「相手の感情」を想像してそれを投げかける

二つめは、相手により「話してもいい」と思ってもらえるためのはたらきかけとして相手が話してくれたことから感情を想像して、その感情を投げかけてみることです。

「分かろうとしてくれているなぁ」と思ってもらうためには、こちらも反応を示すことが必要で、そのための技術例です。

ポイントは、「感想を言う」ではない、ということです。感想は自分が思ったことです。感想は伝えるときに完結的な形で伝えます。例えば「○○と思いました。」というように、自分が思ったことを述べます。

一方、「相手の感情を想像してそれを投げかける」は「相手がどう思っているか」を確認する行為です。ですので「投げかける」ことがポイントです。

図の例で参考にされてみてください。

技術例② " 相手の感情 " を想像してそれを投げかける

目的 ⇒ 相手に「わかっているなぁ」「分かろうとしてくれているなぁ」と思ってもらえるようにすること

方法 ⇒ 相手の気持ちを想像して、それを相手に投げて、気持ちを確認する、を繰り返す

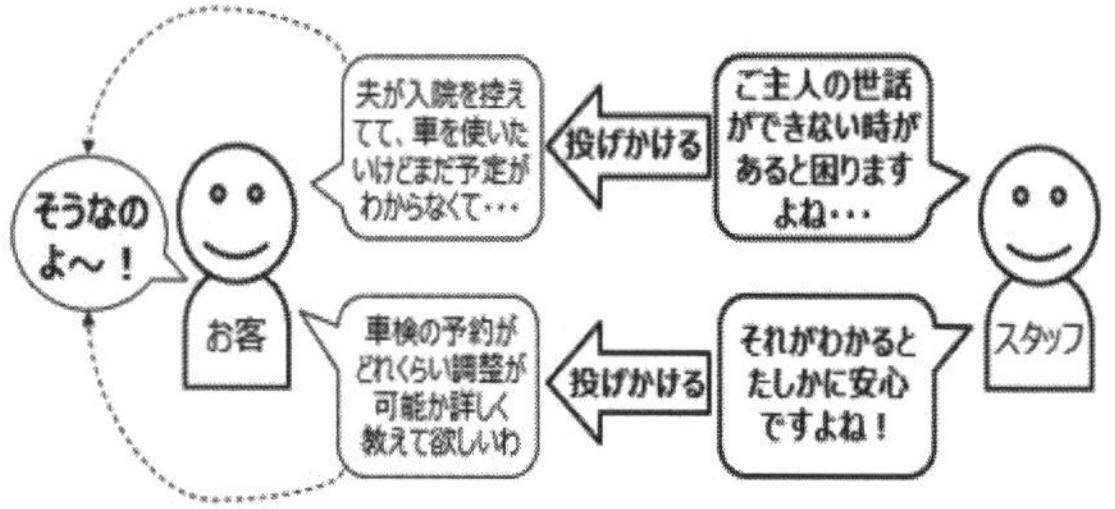

「なぜ？」「どんな？」の行き来をする際の相手のことをわかろうとするはたらきかけにも有効

ポイント

想像したことが違っていたとしてもそれは問題ではなく、その場合お客からは「いやそうじゃなくて●●・・・」というように反応を返してくれます。それで良く、何より"反応を返してもらうこと"が会話をスムーズに進めていくためにも大切なことです。

【NG行動】 **想像したことが当たった時に喜んでしまうこと**

「"相手の感情"を想像してそれを投げかける」の本質は、相手が話したいことを話す雰囲気作りです。自分の想像したことが当たることが重要ではありません。

マナーについて

本件、ホスピタリティ・セールス・オペレーションを出すにあたり、範囲外だとは思いつつも、「ヒアリング」に取り組む「姿勢」につながるものとして、マナーについても触れさせてください。

世の中的には現在マナーは、「ルール化」されてしまってます。

お辞儀の確度、飲食店では来店したら「1、2…」と一呼吸置いてから声をそろえて「いらっしゃいませ!」と「元気よく言わなくてはならない」などがあり、やらなければ罰せられる勢いのバッシングを受ける状態になるなど、「崩れてはいけないフォーメーション」のごとく運用されています。

そうした感情のないマナーを実践していては、相手の事情・都合を、話したいことを話してくれることにはつながりにくいです。

ここで少しだけ、マナーの意味ある「姿勢」について触れておきます。

上記の絵はそれぞれ左が「切腹」、右が「お茶会」をしているシーンです。

どちらにも「礼儀」、「作法」があります。

お辞儀は頭を下げ相手から目線を外します。武家社会では目線を少しでも外せば斬られる危険がある世界でした。その中であっても目線を外して斬られてもよいくらい、相手に敬意を表す「行為」がお辞儀であり、体の中に自分ではない知らない相手から、もらったものを入れるという覚悟を見せるのが、戦国時代に武将同士で流行ったお茶会です。

食事会や飲みの場がなぜ懇親を深める場となるかは、そうした本質的な意味から為すものであります。マナーとは、礼儀や作法のことであり、ルールではありません。

ルールとマナーの違い

	ルール	マナー（相手への配慮）
特徴	・明確に定められている ・明文化されているものが多い（就業規則・条例など） ・判断は違反しているかいないか	・ルールと比較すると明確でない ・判断基準は「相手の感情」相手に不快感を与えているか、いないか
守らないとどうなるか	・罰せられる（例）懲戒、罰金、逮捕など	・社内外において“信用”を失う（認めてもらえない）

上の図はルールとマナーの違いをシンプルに整理してみました。

一言でいうと、マナーは明確な決まりがあるものではないです。しかも「やれ！」と言われてあるものでもないです。ですが、やらなければ「選ばれなくなる」だけ、です。

マナーとは、「礼儀」であり、「作法」のことで「相手への配慮」です。

これ以上もっとわかりやすくを意識して次のようにも整理してみました。

お辞儀は角度がルールっぽく語られたり、挨拶は元気よくしっかりやれと怒られたり。

マナーの本質と、それができないマネジメントの体質

自分
手間がかかる
わずらわしい
自分の仕事じゃない

自分がこれらを思ったとしても
相手はそう思わない

↓

逆に、もしこれらをしてくれたら
相手は「いいね！」と思う

↓

マナーとは、これらを引き受けること
引き受けずこれらを自分から排除したらかなり相手に負担がかかる

↓

なのでマナーとは「相手への配慮」

＜組織でマナーが根付かない最大要因＞
経営者やマネジメント従事者が相手への配慮をせず、ポジションパワーを使ったり、自分に都合の良い時だけのかかわり方をしていると、組織にマナーは根付かない。

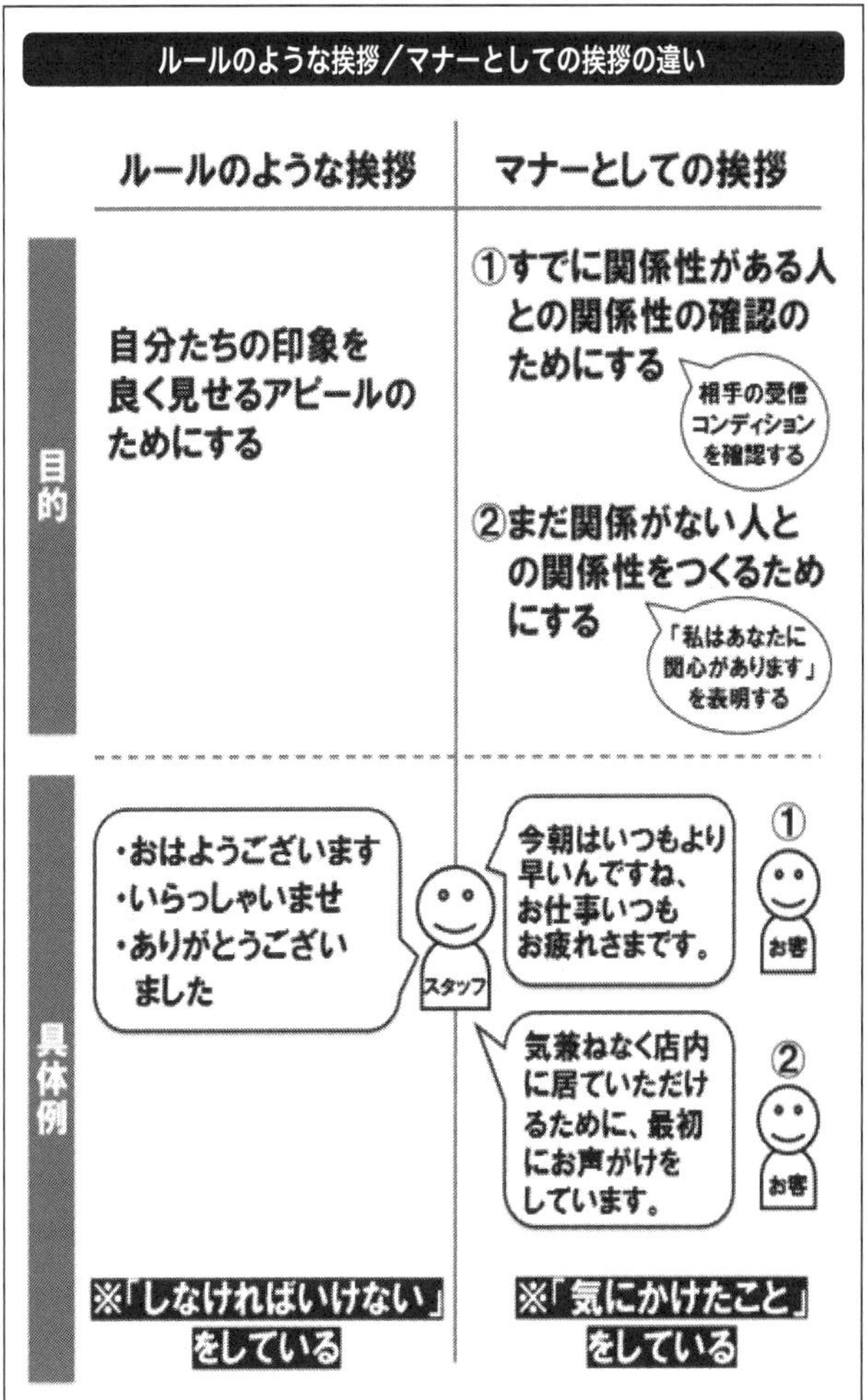
ルールのような挨拶／マナーとしての挨拶の違い
ルールのような挨拶
マナーとしての挨拶
目的
自分たちの印象を良く見せるアピールのためにする
①すでに関係性がある人との関係性の確認のためにする
相手の受信コンディションを確認する
②まだ関係がない人との関係性をつくるためにする
「私はあなたに関心があります」を表明する
具体例
・おはようございます
・いらっしゃいませ
・ありがとうございました
スタッフ
今朝はいつもより早いんですね、お仕事いつもお疲れさまです。
①
お客
気兼ねなく店内に居ていただけるために、最初にお声がけをしています。
②
お客
※「しなければいけない」をしている
※「気にかけたこと」をしている

例えば挨拶では、前頁の図のように「ルールのような挨拶」の場合、自分たちの印象を良くすることが目的で、極論を言えば挨拶に相手が居ない、つまりやりとりをしているのに「相手不在」です。

「しなければならない」のオペレーションをつくっているのは、そのお店や会社の経営者であり、マネジメント側です。

ならば、「相手のことを気にかけることをしろ」と言い続ければそれが根付くわけではありません。経営者やマネジメント側が率先してすることでしか、その環境を変えることは起きないからです。

ここでいう「ヒアリング」は図の左をしている組織ではできにくいのです。

II ホスピタリティ・オペレーションのマネジメントについて

【1】マネジメントのスタンスについて

これまでの中でも少しずつ触れていましたが、本書で解説した「情報」であったり、「ヒアリング」ができたり、マナーのあることができたりするには、スタッフのいる「環境」がそれを作用させます。「環境」とは、「マネジメント」のことです。

少しずつ触れたことをあらためて書き出してみると、

●「このままだとボーナスが出ないぞ」など、経営者・マネジメント側が客を「無視」した自己都合な発信をしてるのに、「社員のモチベーションが上がらない」と言う。

●お客の感情を考えさせないことをさせておきながら「お客のことを考えろ」と言って、現場がその矛盾から思考停止になっているのにその状態をさせ続けている。

●コミュニケーション要素を盛り込んだオペレーションをしていないのを棚に上げてダメ出しをし続けている。

●「しなければならない」を中心とする「関係性を壊すオペレーション」をしていて、「気になることをする」オペレーションはつくれず、できない理由をつくっている。

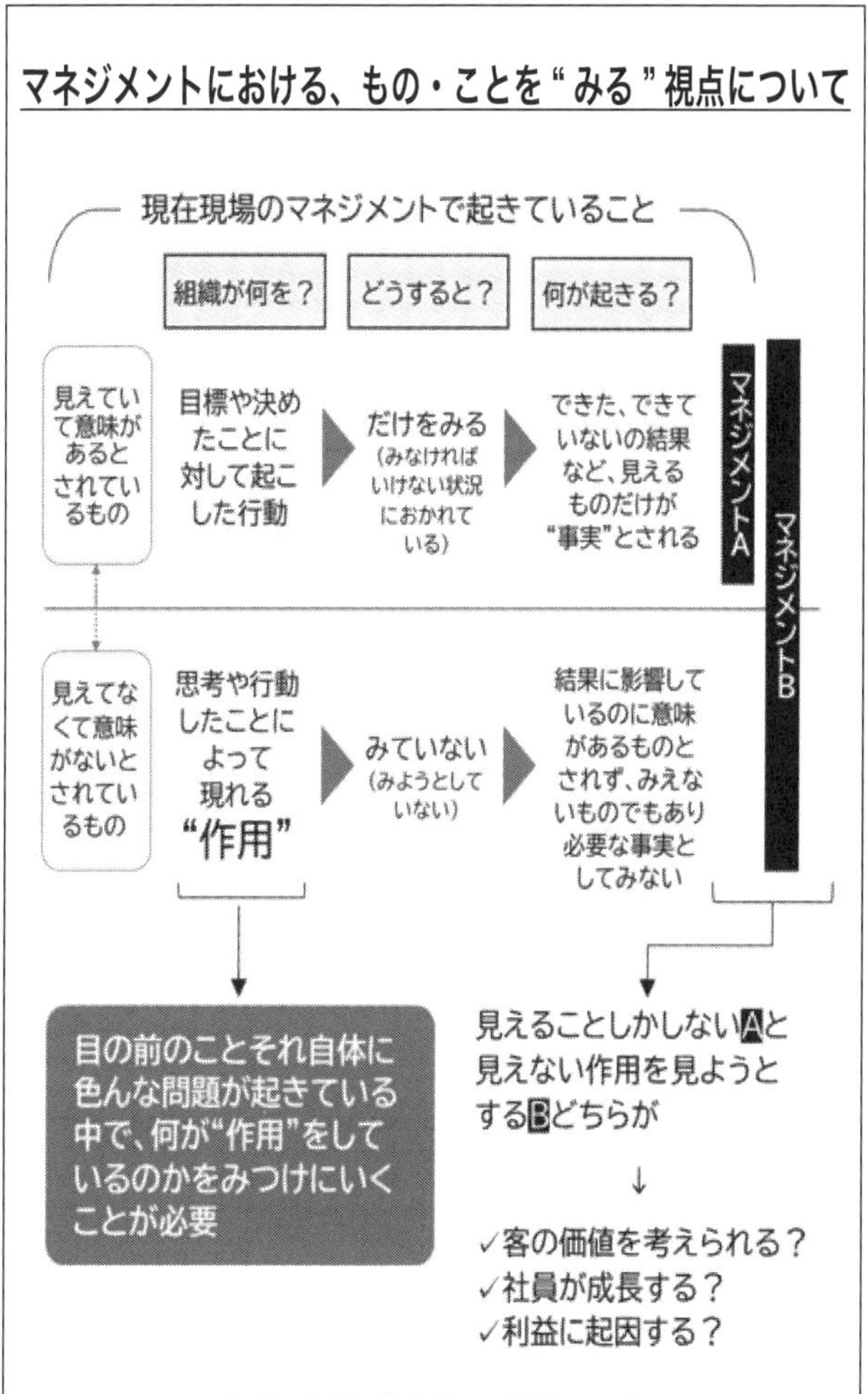
マネジメントにおける、もの・ことを“みる”視点について
現在現場のマネジメントで起きていること
組織が何を？
どうすると？
何が起きる？
見えていて意味があるとされているもの
目標や決めたことに対して起こした行動
だけをみる
(みなければいけない状況におかれている)
できた、できていないの結果など、見えるものだけが“事実”とされる
マネジメントA
マネジメントB
見えてなくて意味がないとされているもの
思考や行動したことによって現れる
“作用”
みていない
(みようとしていない)
結果に影響しているのに意味があるものとされず、みえないものでもあり必要な事実としてみない
目の前のことそれ自体に色んな問題が起きている中で、何が“作用”をしているのかをみつけにいくことが必要
見えることしかしないAと見えない作用を見ようとするBどちらが
↓
✓客の価値を考えられる？
✓社員が成長する？
✓利益に起因する？

前頁の図にある「現場のマネジメントで起きていること」の状態と、先に書いた経営者と、マネジメント従事者の怠慢は表裏一体です。

この場合、必ず傾向として出るのは、

「何か、「うまく」いく「方法」はないか？」

「どうすれば、どうやればいい？」

などの「答え探し」をマネジメント側がすることです。

「正解はない」と言いながら、現場に、スタッフに正解を探させています。

そういう現場は「どうせ社長は（店長は）○○したいと思っているんだろう」と見透かし、自らの思考を放棄していないように見せて放棄している、をします。

つまり「正解待ち」をします。お互いに違うことをしているようで、自分のマネジメントを投影してるだけなのです。

見えて意味があると思えるものだけを良しとしていることの最も大きな弊害です。

このあとを読み続けて頂く前に、一つだけ皆さん自身で自問自答をされてみてください。

「マネジメント」とは何でしょうか？

　経営者や上司が部下に指示・命令をするもの

　売れるように、儲かるように、目標を達成してもらうこと

でしょうか？

私は、「マネジメントする」は世の中には存在しない、と思っています。

「マネジメントする」ではなくて、自分が「マネジメントしてる」と思ったことに、「マネジメントされる」があるだけのことだと思っています。

このあと一緒に、本書にあるような「ヒアリング」が為せるための「マネジメント」について一緒に考えていきましょう。

上記の図から想像してみてください。

上記のようなやりとりがあったとして、マネジメントはどんな状態でしょうか？

部下は「わかりました」と言っていますし、どう思っているかなんてわかることではないのだから、これはこれでありなのではないの？ と思う方もいるかもしれません。

部下に対して自分の感情でものごとを考えて、気に入らないことがあれば、「あいつは謝ることをしらない。」「反省していない。」さらには「俺はこんなにやっているんだから」というところまで自分の感情を優先させてしまう経営者やマネジメント従事者がいるかもしれません。

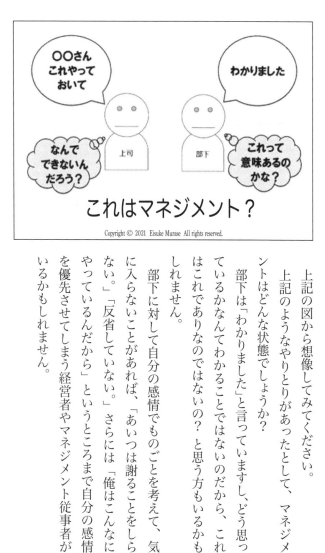

図では、頭の中で考えているセリフのように、

上司は「何でできないんだろう？」と思い、

部下は「これって意味あるのかな？」

もしかしたらさらに部下から「あの人結果しかみてないし、

言われた通りにしないと何だかんだ言ってくるしなぁ・・面倒くさいな」

と思われてしまっているかもしれません。

つまり、そう思う作用が見えないところであるということです。

しかも上司と部下の関係性は実はその作用のほうでできている、ということも言えます。

もっとシンプルに言うと、マネジメントは

「されている側がどう思うか」

でできているか、できていないかが決まるということです。

とあるお客さんとの注文のやりとりで・・・①
うちは全部美味しいので全部おススメですよ～！
店員さんここのおススメって何～？
Copyright © 2021 Eisuke Murase All rights reserved.

次に飲食店のケースを使って考えてみましょう。
例えて言うならこんなことです。

これから上の図の真ん中にいるスタッフが対応する3つのケースをみてください。
その上であなたがお客の立場だったら、どの対応に「いいね！」と思うかを考えてみてください。

まずケース①です。
お客からおススメを聞かれて、
「お店のメニューは全部美味しくておススメですよ～」と答えています。
自分だったらスタッフの対応にどう思われるかを想像してみてください。

とあるお客さんとの注文のやりとりで・・・②
店員さん ここのおススメって何～？
うちは〇〇がよく出ています、おススメの人気商品ですよ～
Copyright © 2021 Eisuke Murase All rights reserved.

次にケース②です。

お客からおススメを聞かれて、お店のメニューの中からの売れ筋をおススメしています。

ケース①同様、自分だったらスタッフの対応にどう思われるかを想像してみてください。

とあるお客さんとの注文のやりとりで・・・③
店員さん
ここのおススメ
って何～？
人気は〇〇ですが
私が食べた中では
□□がさっぱりして
美味しかったです

最後にケース③です。

お客からおススメを聞かれて、お店のメニューの中からの売れ筋だけでなく、自分が食べたもので美味しかったものを紹介しています。

このケース①～③それぞれのスタッフの対応の中で、どれに対して「いいね！」と思われましたか？

おそらく、③ではないでしょうか？

その理由としては、お客がスタッフの経験を聴いて、リアルさを感じられること、お客が「おススメは何？」と聴いていることの本質に答えていると思われるからです。

お店に③のようなスタッフがいれば、お客からの印象もよくなり、それによって客単価も上がる可能性が出てくると思われますが、ただし、何もマネジメントなしにスタッフは③をすることはない、です。

スタッフが自ら、

「味を知った上で、接客対応したいから試食させてほしい」とは言わないと思います。

言わないということに対して、「そういう能力のあるヤツはなかなかいないよね」と思っている経営者やマネジメント従事者のいる会社には、もっといないです。

では③ができるようなスタッフは、

次のどちらのオペレーションであったら作れると思いますか？

どちらのオペレーションが③のスタッフになれる？

パターンA	パターンB
商品知識の資料を渡し、覚えてもらい、ミスを起こさないようにと注意喚起する	店長・オーナー推しのメニューを食べてもらい本人の感想を促す＋商品知識の資料を渡す

ＡとＢ、どちらのオペレーションをしていたとしても、どちらであっても商売繁盛になりたいはずです。

なりたいはずなんですが、どちらのほうが

1. 商品を覚えやすいか？
2. お客に「楽しそうに」話せるか？
3. ミスが少なくなると思えるか？
4. スタッフが、「私ってお客さんの役に立っているかも」と思えるか？

そして、ＡＢどちらが「マネジメントが成立している」と思えるでしょうか？

実際、自分自身のことだけを考えれば、こうすればお客さんがもっと喜ぶ、そうなるとより注文も増える、というような経験から得た知識や技術、ロジックがあると思います。それに間違いはないと思います。

ただし、スタッフや仲間に伝えることがなかなかやりきれていない、としたら先程のオペレーションのケースは、Aと似たようなことをしていませんでしたでしょうか。

相手軸で、「相手が良い状態になること」を主眼におくのと、「これくらいはやってもらわなければ困る」というのを主眼に置くのでは目指すところは同じでも「得られるものには差が起きる」という例です。

そういう意味も含め、接客やセールスに必要なマネジメントとは次のように考えます。

接客やセールスに必要なマネジメントとは、

商売の目的や目標に向かって、「したい」と思う気持ちをもって思考したり、行動を行為に昇華させる、

をつくることと思います。

「できる、できないを先に考えず、できる状態に向かうために必要なことをする。」

このスタンスでオペレーションを組み立て、相手が良い状態になることを主眼においてマネジメントをしていくと、自分が「マネジメントしている」と思ったことに「マネジメントされる」という特性が作用して、スタッフとのかかわり方が良化していきます。

次のそのための考え方を一緒にプロセスの作り方を考えてみましょう。

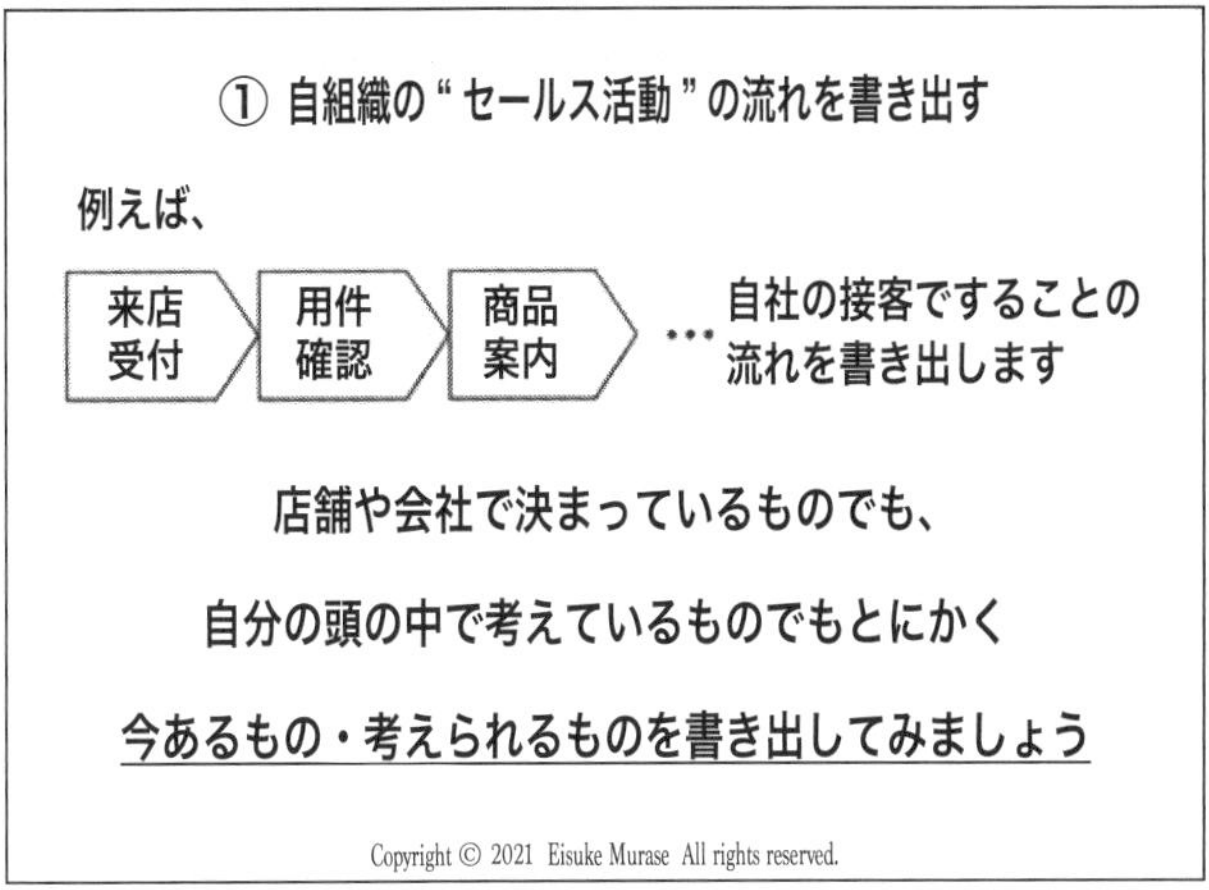
① 自組織の“セールス活動”の流れを書き出す
例えば、
来店受付
用件確認
商品案内
…自社の接客ですることの流れを書き出します
店舗や会社で決まっているものでも、
自分の頭の中で考えているものでもとにかく
今あるもの・考えられるものを書き出してみましょう
Copyright © 2021 Eisuke Murase All rights reserved.

【2】オペレーション・プロセスの設計について

①自組織の「セールス活動」の流れを書き出す

よくある一定方向の枠図を使って、今時点で使っているもの、またはこれを読んでいて浮かんだものでもどちらでも構いませんので、書き出してみてください。

書き出すポイントとしては、上の図のように、自分たちが接客・セールスで「する」ことを書き出すことです。このワーク自体は、組織の中でみんなで考えてするのも効果的と思います。

これが書き出せたら、次のページに進みます。

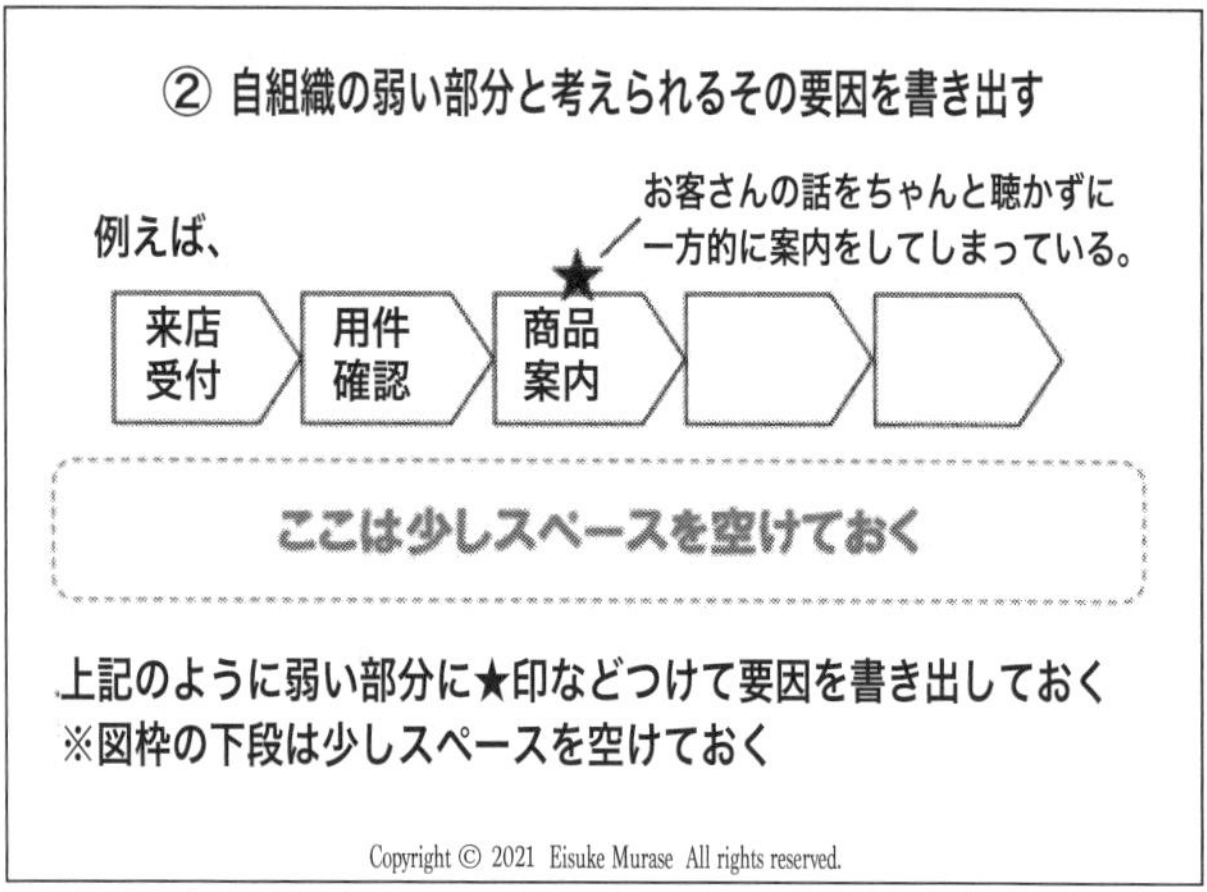
② 自組織の弱い部分と考えられるその要因を書き出す
例えば、
お客さんの話をちゃんと聴かずに
一方的に案内をしてしまっている。
★
来店
受付
用件
確認
商品
案内
ここは少しスペースを空けておく
上記のように弱い部分に★印などつけて要因を書き出しておく
※図枠の下段は少しスペースを空けておく
Copyright © 2021 Eisuke Murase All rights reserved.

② 自組織の弱い部分と考えられるその要因を書き出す

セールス活動の流れを書き出したら次にその活動の中で、弱点と思われる活動の部分を多くても二つまでチェックしてください。（『全部！』と言う人もいると思いますが、そこは優先順位をつけて最も弱いと思う部分を選んでみてください。）

書き出す際に、あとで活用しますので、セールス活動の枠図の下は少しスペースを空けておいてください。

書き出しましたら次に進みます。

これで合っているのかな？ と思って動きが止まってしまうことだけしないようにケアしてください。ポイントは、正解を探さないようにすることです。

セールス活動の流れ、自組織の弱点とその要因、間違っていると思わないでください。みなさんの経験から得られた成功体験と失敗体験で考えられているものです。これを複数でディスカッションをしながら進めていくのであれば、お互いにどう考えているかをしっかり受け入れて話を進めることで、そこから良い方向に向かっていきます。

そこには、良い方向に進んでいこうという「共通善」があります。正解・不正解は存在しないです。ですが、考え抜いた・放棄したは存在します。磨き続けていく・いかないも存在します。挑戦する・しないも存在します。良い方向に進んでいこうという「共通善」がどれだけ尊いか、やりきってから振り返るとしてみてください。

では次に進みます。

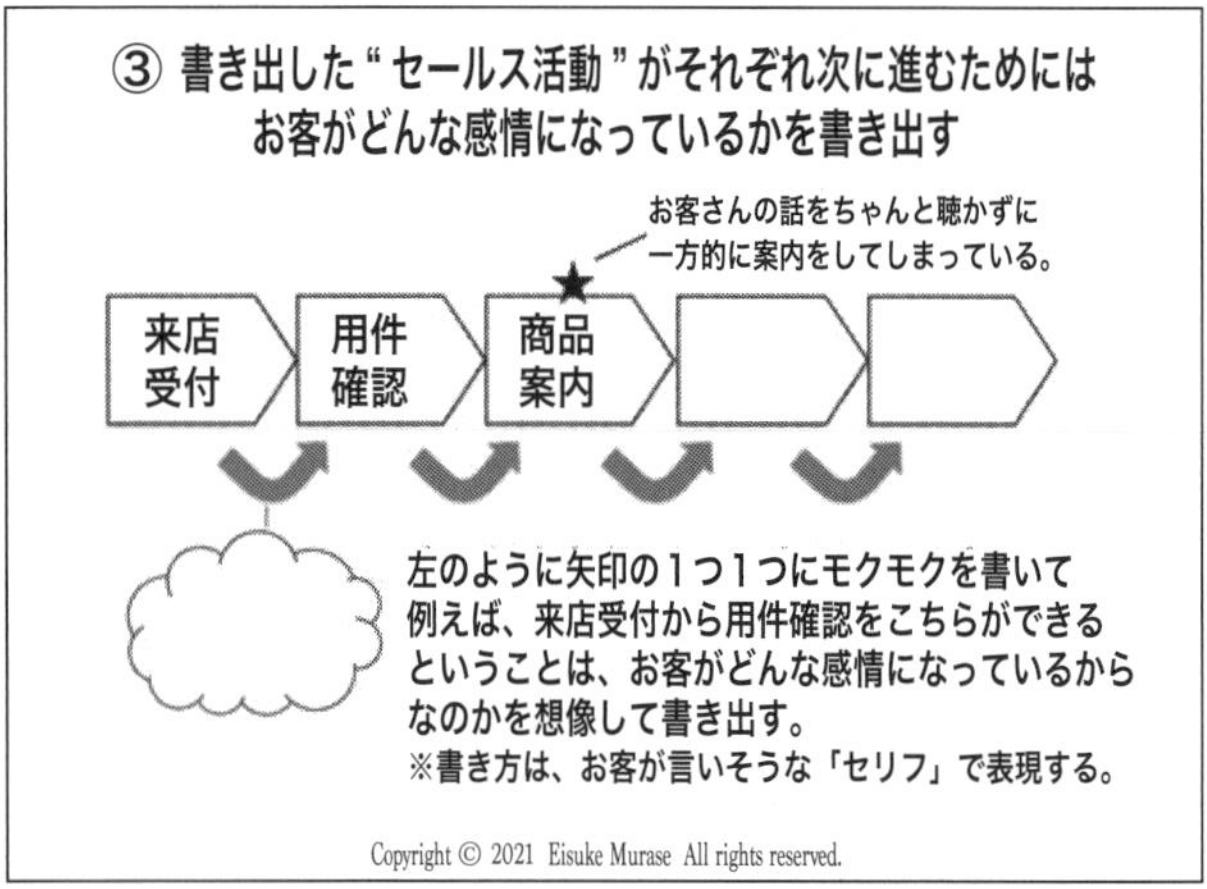
③ 書き出した“セールス活動”がそれぞれ次に進むためには
お客がどんな感情になっているかを書き出す
お客さんの話をちゃんと聴かずに
一方的に案内をしてしまっている。
来店
受付
用件
確認
商品
案内
左のように矢印の1つ1つにモクモクを書いて
例えば、来店受付から用件確認をこちらができる
ということは、お客がどんな感情になっているから
なのかを想像して書き出す。
※書き方は、お客が言いそうな「セリフ」で表現する。
Copyright © 2021 Eisuke Murase All rights reserved.

③ 書き出した「セールス活動」がそれぞれ次に進むためには、お客がどんな感情になっているかを書き出す

先ほどスペースを空けたところに、

・上記図のように進行方向へ矢印でつなげる

↓

・矢印の下にモクモクを書き出す

↓

・モクモクの中に次のセールス活動に進むために必要なお客の感情を想像し書き出す

お客の感情はセリフで書き出します。

例（来店→用件確認の場合）

「対応が親切で気にかけてくれるなぁ」など。

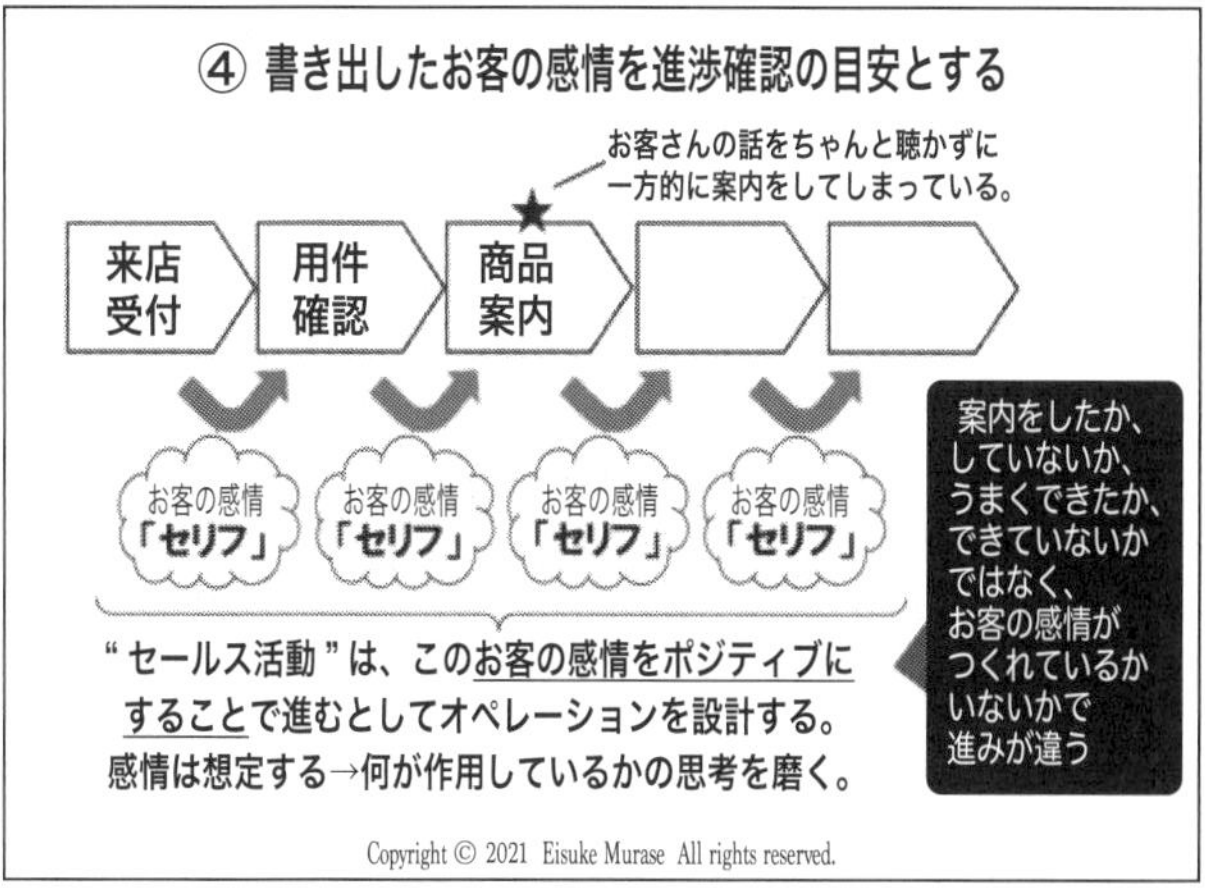
④ 書き出したお客の感情を進捗確認の目安とする
お客さんの話をちゃんと聴かずに
一方的に案内をしてしまっている。
来店
受付
用件
確認
商品
案内
お客の感情
「セリフ」
お客の感情
「セリフ」
お客の感情
「セリフ」
お客の感情
「セリフ」
案内をしたか、
していないか、
うまくできたか、
できていないか
ではなく、
お客の感情が
つくれているか
いないかで
進みが違う
"セールス活動"は、このお客の感情をポジティブに
することで進むとしてオペレーションを設計する。
感情は想定する→何が作用しているかの思考を磨く。
Copyright © 2021 Eisuke Murase All rights reserved.

④書き出したお客の感情を進捗確認の目安とする

大概の店舗や会社は、①で書き出した「セールス活動」だけで部下に対し、

「できているか」

「ちゃんとやっているか」

「なんでできていないんだ」

という管理・進捗管理をします。

すると、できる部下は自分なりに理解を深めますが、なかなかできない部下は、わからないまま時間が過ぎていきます。何がわからないかというと、

「その行動は何のためにするのか？」

これを理解しないまま自らやりづらくしていることが起きて、「わからない」となる、ということです。

部下が“客感情”を考え行動する

↓⬆

振り返り、必要な知識・知恵を知る

↓⬆

知ったことをやってみる

“客感情”思考の構築が育成始点

ですので、

お客がどんな感情で話していたと思うか？

お客がどんな感情と部下が解釈していたか？

こうしたことを聴いて状況に応じたアドバイスや考えてもらうことを促す、そのほうが「わかって活動できる」になりやすくなると思います。

部下ができていないこととは、「セールス活動」のことではなく、お客の感情が「次に進めてもいい」になっていないということです。

お客の感情の推移から落とし込んでいくと、実際にお客とやりとりしている現場は動きがよくなります。

【3】従来のオペレーションとの違いについて

冒頭で、接客やセールスに必要なマネジメントは、
「商売の目的や目標に向かって
『したい』と思う気持ちをもって思考したり、
行動を行為に昇華させる」
です。

そして「マネジメントする」は存在しない、自分が「マネジメントしてると思ったことに「マネジメントされる」があるだけのこと、です

だとすれば、
マネジメントは支援があってこそ、指示・命令が活き、結果育成につながる

というロジックになります。部下を一対多でみるのではなく、一対一で接していくことが大事なことです。生成（一人前になる）していけば、その後の手離れは早くなります。
それをせずに決めつけのロジックを持っていることが不要です。

次のページはそうした組織の違いを分けた図です。

組織Aは上段にある生活のことが抜け落ちています。「お客のことを考える」と言っている言葉に具体はありません。組織Bは客＝生活者の状態から考えて自分たちが何ができるか、としています。ですので組織Bは、生活者に提供する価値が一定量クリアすると、次にどんな状態を目指すかとして取り組むことが変容していきます。

組織Aは、数字や見えるものだけを正としてますので、指示・命令が先行し、行き詰まった状態になってしまうことが多く、組織Bは生活者への価値提供からの逆算をしていますので、そのための支援があり、必要や状況に応じた指示があり、進化しやすいとなります。

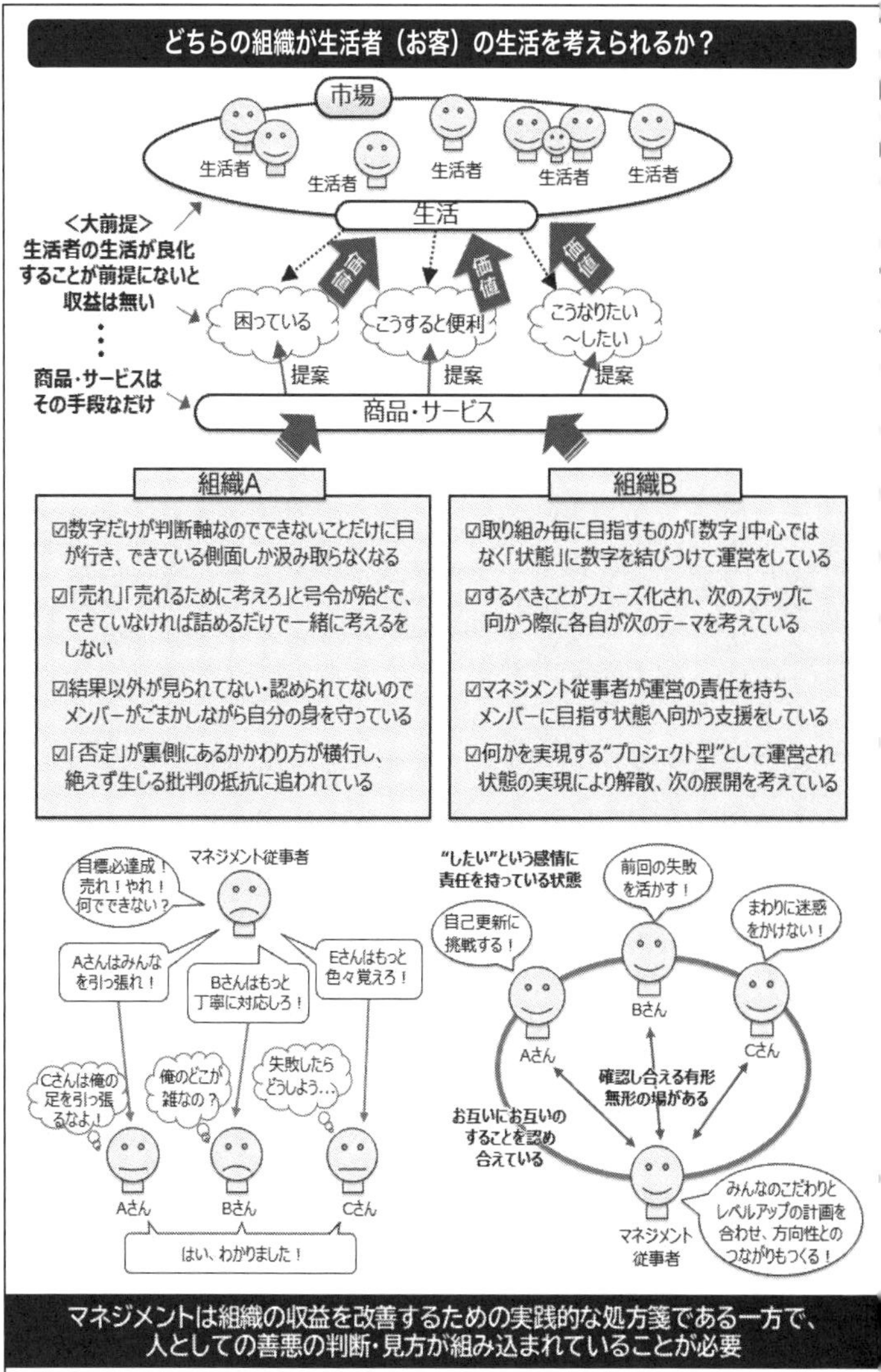
どちらの組織が生活者（お客）の生活を考えられるか？
市場
生活者
生活者
生活者
生活者
生活者
<大前提>
生活者の生活が良化
することが前提にないと
収益は無い
生活
価値
価値
価値
困っている
こうすると便利
こうなりたい
～したい
提案
提案
提案
商品・サービスは
その手段なだけ
商品・サービス
組織A
☑数字だけが判断軸なのでできないことだけに目が行き、できている側面しか汲み取らなくなる
☑「売れ」「売れるために考えろ」と号令が殆どで、できていなければ詰めるだけで一緒に考えるをしない
☑結果以外が見られてない・認められてないのでメンバーがごまかしながら自分の身を守っている
☑「否定」が裏側にあるかかわり方が横行し、絶えず生じる批判の抵抗に追われている
組織B
☑取り組み毎に目指すものが「数字」中心ではなく「状態」に数字を結びつけて運営をしている
☑するべきことがフェーズ化され、次のステップに向かう際に各自が次のテーマを考えている
☑マネジメント従事者が運営の責任を持ち、メンバーに目指す状態へ向かう支援をしている
☑何かを実現する“プロジェクト型”として運営され状態の実現により解散、次の展開を考えている
マネジメント従事者
目標必達成！
売れ！やれ！
何でできない？
Aさんはみんな
を引っ張れ！
Bさんはもっと
丁寧に対応しろ！
Eさんはもっと
色々覚えろ！
Cさんは俺の
足を引っ張
るなよ！
俺のどこが
雑なの？
失敗したら
どうしよう…
Aさん
Bさん
Cさん
はい、わかりました！
“したい”という感情に
責任を持っている状態
前回の失敗
を活かす！
自己更新に
挑戦する！
まわりに迷惑
をかけない！
Aさん
Bさん
Cさん
確認し合える有形
無形の場がある
お互いにお互いの
することを認め
合えている
マネジメント
従事者
みんなのこだわりと
レベルアップの計画を
合わせ、方向性との
つながりもつくる！
マネジメントは組織の収益を改善するための実践的な処方箋である一方で、
人としての善悪の判断・見方が組み込まれていることが必要

経営者やマネジメント従事者が一息つくことは悪いことではないですが、その一息は「アイドリング」として、ビジネスを通して世の中に何を貢献するか、その時の常態はどんな状態で、それは業績にどこまで影響するものとするか、常に更新していくことに向き合い続けることです。それをやらずに部下に挙績を求めてもそれは戯言です。

図は生活者がいる場所＝市場の生活を良くしていく企業活動ができる組織はAとBではどちらか？ということがわかると思います。

組織Aは10年後にどんな状態を目指すか？というテーマがあった時、「販売台数●●●●台！」「売上●●●●！」「利益●●●●！」と数字が先行しがちです。

10年後にどんな状態を目指すのか？は、文字通り「状態」のことです。ビジョンのことです。「状態」が数字をつくるということをしないのがAの組織です。

逆にBの組織は、すでに組織のやり取りが1人1人が考えて動く、という「状態」をつくっています。

次の図は、数社の自動車販売店の経営者とマネジメント従事者に、「教育ママと子育て上手なママの違い」についてイメージを答えてもらったときに共通で出てきた内容です。

自分たちで答えられたことに対してハッとされていました。社員への接し方が「教育ママ」のほうだったのです。つまり、先ほどの組織Aであることを自覚されていた瞬間でもありました。そしてそれは同時に、自分たちが組織Bになることの難しさを感じられていたことでもありました。

「教育ママ」と「子供の育成が上手なママ」の育て方の違い

それぞれ、どんな関わり方をしてくるか？

下記はある自動車販売店の経営者とマネジメント従事者から
教育ママと子育て上手なママについてそれぞれ、どんなイメージを
持っているかを聴いて答えてもらった印象のコメントです。

汎用的なコメントではありません。その上で、自分たちのオペレーションは
「どちらかといえばどちらか？」と聴いた時に「教育ママのほうだ」と言われています。

教育ママ	子育て上手なママ
あれやれ！これやれ！と言ってしまう。	子供の気持ちや感情をよく考えてから話す。
まわりとすぐ比較したがる。	ホメるところと、叱るところが明瞭。
習いごとを増やしたがる。	やりたいごとをさせる。
テストで良い点が取れるとホメるが、悪い点数だと頑張っててもホメない・関心がない。	何を頑張ったか、どう取り組んでいたかに対してしっかりフォロー、ケアをしている
ランク好きですぐランク付をしてしまう。	自分で考えるような場面をつくる。

【4】オペレーションのメンテナンスについて

あらためて飲食店のケースをここで思い出してみてください。

メニューを試食したスタッフは、お客さんからの「おススメは?」の質問に対し、「自分が食べた感想」を話せることができました。

ただ、それは「試食させれば話せるようになるのか?」がポイントです。

仮に、「食べたものはちゃんと感想を言うように」と指示を出した場合、それはそれで言うと思いますが、「スタッフが自分のこととして、それをやり続けるかどうか?」はわからないのです。実はこれが一番重要なことだと思います。

試食をしたスタッフが自分のこととしてやり続けるのはどっち？

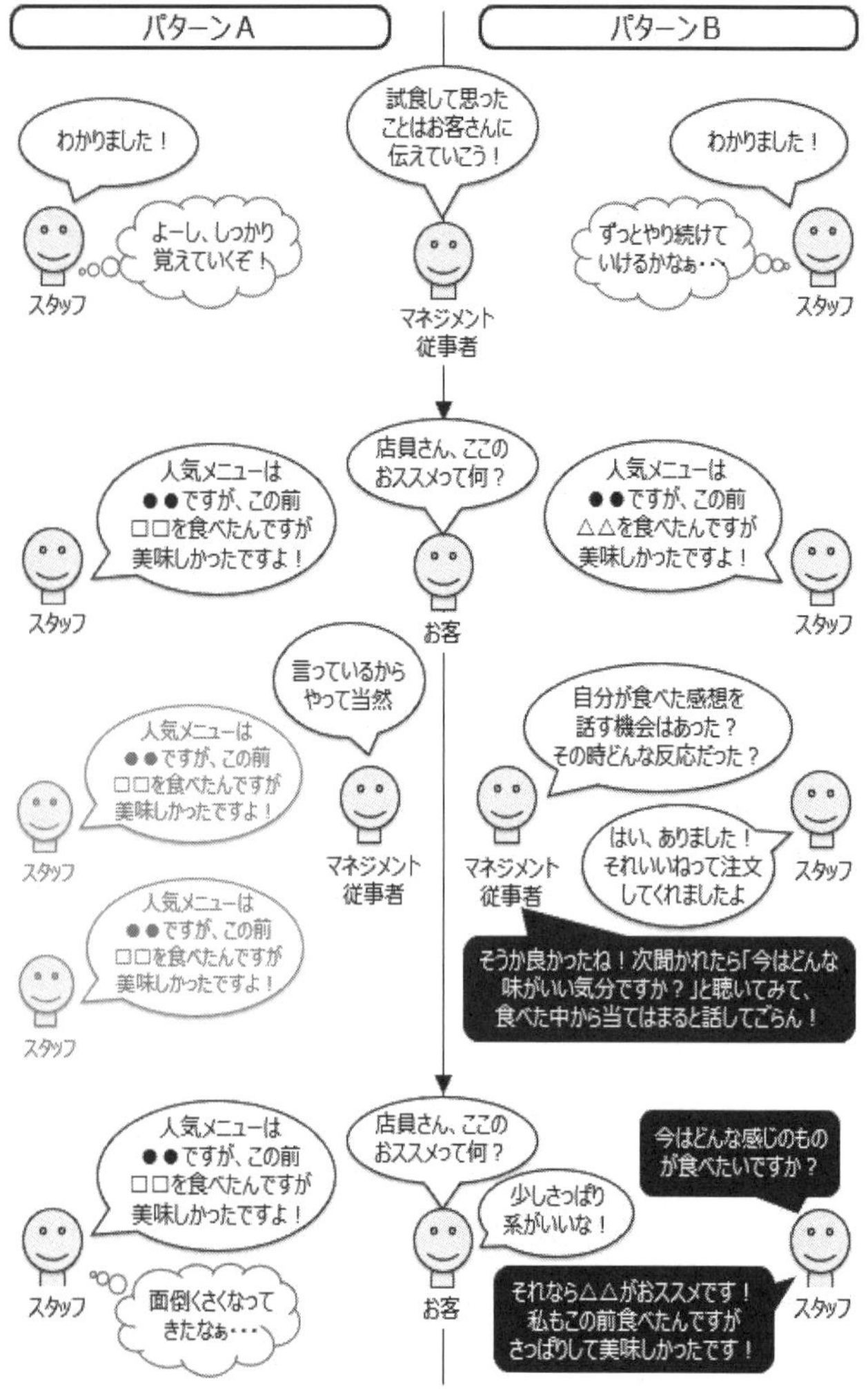

前頁の図をみてみてください。

左のパターンAと右のパターンBの違い、右のほうが何度も働きかけているからじゃないの？ と思う方もいるかもしれません。

もちろんそれも間違っていないのですが、左と右では確実に違うことがあります。


それは右のマネジメント従事者には、スタッフに「なってほしい状態」という目的があるということです。その場しのぎのアドバイスや指導は、語弊があるのを承知で、誰にでもできると思います。ですが、相手に対して、「こうなってほしい」「こういう状態になってくれれば本人もより良い状態になる」というような「その人が良い状態になるために」をふまえて関わっていくということが必要と思います。

例えば、

「お客さんとのコミュニケーションが取れるようになってもらって、それを様々な場面でも活かせるようになってほしい」

というような、本人が良くなるために「なってほしい状態」があるということです。

本人がより良い状態になることから逆算して、仕事で何を経験してもらうか？まで本当は考えて関わっていくことが経営者やマネジメント従事者にとって必要なことと思います。

それがなくて、「言ったことをちゃんとやってほしい」「考えないやつだ」と思うのは虫がいい話ではないでしょうか。

パターンBのマネジメント従事者は、スタッフがよりお客さんとコミュニケーションがとれて楽しく話せるようになることから逆算して、次は何ができるとよいかを示唆しています。しかもあれもこれもやってみようと広げるわけでもなく、一言聞いてみてから「自分が思ってみたことを話してごらん」というニュアンスで伝えています。これは、現場でのお客さんとのやりとりをスタッフ本人が考えられる状況をつくっていることになります。そういう関わりを繰り返していくうちに、そのスタッフに自前の力が身についていきます。パターンAとパターンBでは、それこそ三か月後にはスタッフの差がついています。

現場で面倒くさくなり、やらなくなってきたパターンAのスタッフのような人が社内にいたとき、「あいつはそういうところがある」「あいつは結局ちゃんと考えないんだよ」「こちらとしては言ってはいるんだけどね」と言って他責にしているケースもあります。

パターンAのスタッフをつくっているのはスタッフ本人だけではありません。むしろ、経営者とマネジメント側です。

スタッフに「なってほしい状態」という目的から逆算して接していくのがマネジメントとして成立になるものと思います。

事業経営としては、業績はもちろん大事です。ですが大半は大事と思っててもオペレーション自体が業績を大事にしていない、が起きています。

「人」と「人の活動のエネルギーになるもの」が無ければ業績は伸びないです。

この部分、よくわからないと言って放置していいことではないです。

事業を為すために必要な条件とは何か？

「人」と「人の活動のエネルギーになるもの」を個別に活かせるようになる、に関与していくということと思います。

忙しくてそれがなかなかできないというのなら、そういう存在を育てていくことから始めてみるのもありです。

次に目的を逆算から考えるための、メンバーやマネジメント従事者を育てていくために必要な育成・支援計画を策定するフォーマット、さきほどの図の飲食店のパターンBをつくりだすための、インプット・アウトプットのベース手法例を紹介します。

【5】参考例1　育成・支援計画とインプット・アウトプット

〈育成・支援計画の参考例〉

「こうなってほしい」「こういう状態になってくれれば本人もより良い状態になる」というような「その人が良い状態になるために」をふまえて関わっていくということが必要と述べましたが、それを形にするにあたり参考例を紹介します。

① まず一番最初にその人にどうあってほしいかを、相手軸（あいてにとって良いと思うこと）→組織軸（組織にとって良いと思うこと）の順で想定して書きます。

この順番がちゃんと相手の成長や変容を考えられる順番になります。

② 次に身につけてほしい「知識」は何か？「スキル」は何か？「知識」と「スキル」

成責任者

なってほしいか？	3年後にどんな状態になってほしいか？	
もらいたいこと	そのために身につけておくべき能力	
	どんな知識を身につけてもらいたい？	
	どんなスキルを持ってもらいたい？	
	どんな判断力を備えてもらいたい？	
支援する？	そのためにどう支援する？	
	上長はどんな経験をしてもらうように動く？	

育成計画シート

育成対象者＿＿＿＿＿＿＿＿＿＿

1年後にどんな状態になっててほしいか？	
そのために身につけてもらいたいこと	
どんな知識を身につけてもらいたい？	
どんなスキルを持ってもらいたい？	
どんな判断力を備えてもらいたい？	
そのためにどう支援する？	
上長はどんな経験をしてもらうように動く？	

2年後にどんな状	
そのために身につけ	
どんな知識を身につけてもらいたい？	
どんなスキルを持ってもらいたい？	
どんな判断力を備えてもらいたい？	
そのためにどう	
上長はどんな経験をしてもらうように動く？	

を活かしてどんな「判断（ロジック）」ができるようになってほしいかを書き出します。

ここで組織軸が多少強くなりますので、①では相手軸をしっかり想定しておくことがポイントです。

③最後に①になるために、②を身につけてもらうために、どんな「経験」をしてもらうか、そのためにマネジメント側がどうか関わっていくか・動くか？　を書き出します。

上手に書こうとはせずに、丁寧に相手のことを考えて、それによって書き出されたものがあればよいと思います。図はフォーマットのサンプルです。

〈インプット・アウトプットの参考例〉

育成・支援計画の参考例のところで紹介しました①〜③を進めていくにあたり、参考例を紹介します。特に今まで思考を止めていたメンバーやスタッフに変容があったケースです。

現場のスタッフができていないことが悪い、と思う前にどうかここまでのかかわり方を検討されてみてください。本当は「できていない」と判断されてしまっているスタッフもそう思われている関係性によって、自分が考えるということを止めるのは辛いことだと思います。その辛い思いをさせる関わりよりも、相手に向き合うことが必要と思われた時に使えるものかもしれません。

次の図をみてみてください。

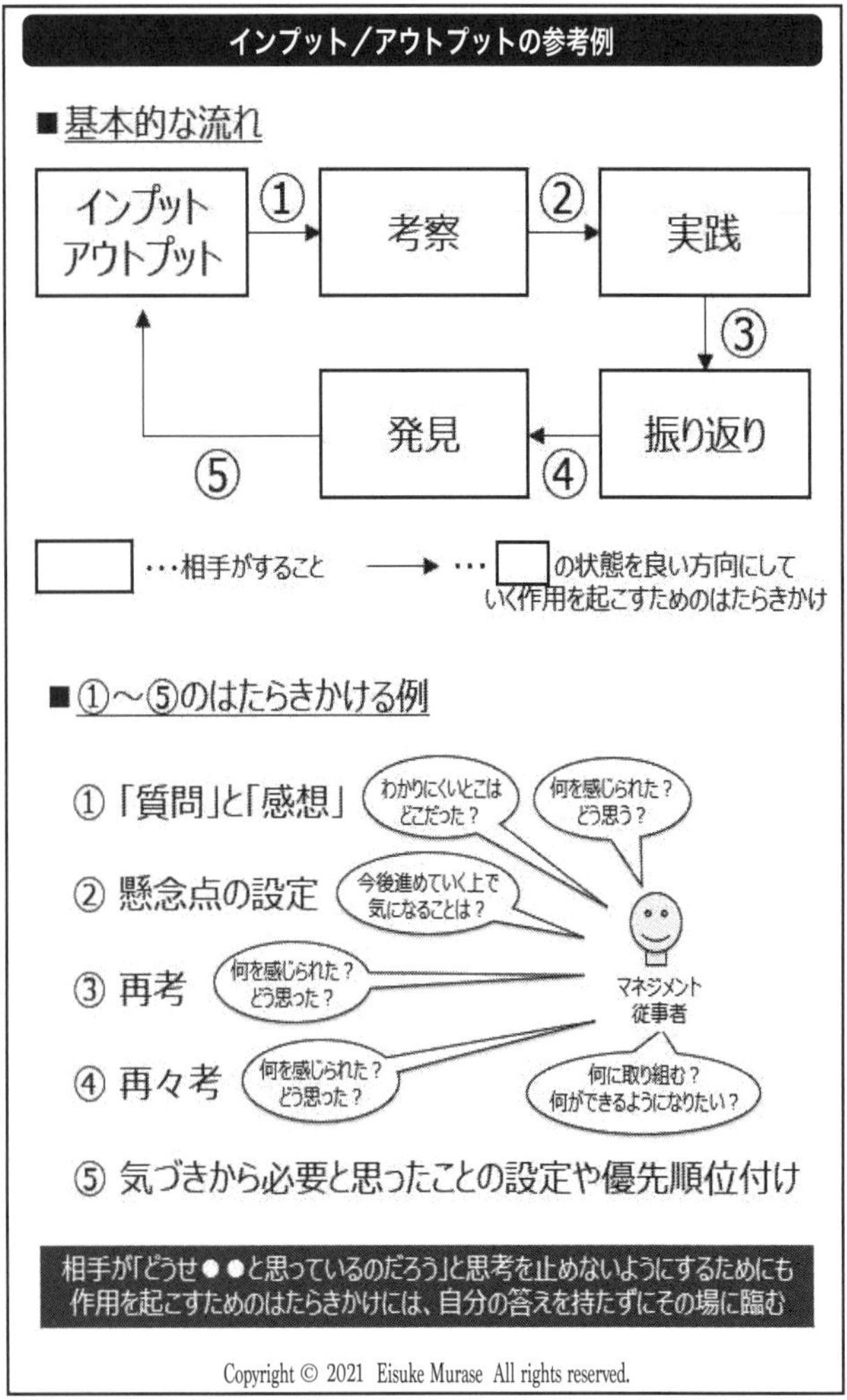
インプット/アウトプットの参考例
■基本的な流れ
インプット
アウトプット
①
考察
②
実践
③
振り返り
④
発見
⑤
…相手がすること
…の状態を良い方向にしていく作用を起こすためのはたらきかけ
■①〜⑤のはたらきかける例
①「質問」と「感想」
わかりにくいとこはどこだった?
何を感じられた?どう思う?
②懸念点の設定
今後進めていく上で気になることは?
③再考
何を感じられた?どう思った?
④再々考
何を感じられた?どう思った?
マネジメント従事者
何に取り組む?何ができるようになりたい?
⑤気づきから必要と思ったことの設定や優先順位付け
相手が「どうせ●●と思っているのだろう」と思考を止めないようにするためにも
作用を起こすためのはたらきかけには、自分の答えを持たずにその場に臨む
Copyright © 2021 Eisuke Murase All rights reserved.

経営者やマネジメント従事者と、部下の間にはどちらからもインプットやアウトプットがあると思います。このとき、経営者やマネジメント側が、部下のインプット・アウトプットを良い状態にしていくはたらきかけが必要になります。それをすると、自分自身のインプット・アウトプットも良くなるという副次効果も見込めます。

大きく整理をしてみますと、まずは疑問をつくります。そして好意的に接します。そして相手が言いたいと思ったことを言ってもらう、をつくるということです。

必ずできます。そしてこれだけでも経営者やマネジメント側が変容を感じられると思います。

こちらから「言う」は自分自身が伝えたいことであって、「まだ相手に伝わっていない」という状態があるからしてしまうことだとするならば、そこに力関係や利害関係が作用すれば相手は話さなくなってしまうことが起きやすいと思うのです。

どうしても一方的になりそうなときは、「このスタッフには〇〇になってもらいたい」と考えてあげられたことを思い出してみてください。その時にそれを軸にした時に、経営者やマネジメント側が「言う」内容は「このスタッフには〇〇になってもらいたい」に準じているか、その場で判断がしやすくなると思います。

経営者やマネジメント側のみなさんが、事業で何かを為したいと思われた時には、必ずまわりに協力者が必要になってくると思います。同じ組織の部下はそのもっとも身近な協力者だと思います。

「相手に対して芯のある優しさを持つ」
「自分都合で怒らない」
「協力者だからこそ我がことのように心配する」
「自分のことは後回しにする」
「本質と思ったことは曲げない」

「常に細かく、逆算してアクションする」

これらは私の経験からこうしていこうと思えた「意識の項目」です。

どれも組み合わせると「背反」もありますが、「共通善」も探しに行くと必ずあります。

どうせなら「共通善」を見つけに行くことが良いと思えると、よい状態へ向かうスピードも一気に加速していくと思います。

【6】参考例2　自動車業界におけるオペレーションの課題

ここで自動車業界でのオペレーションの課題の参考例を紹介させてください。

図は大体このようなフローになっていると思いますが、自動車販売店の車のメンテナンスや車検、あるいは乗り換える代替の話などお客とのやり取りの流れを整理したものです。

フロントの役割のスタッフや、そのお客を担当している営業スタッフが窓口となり、車の整備やメンテナンスをする整備スタッフ、あるいは凹んだところを修理する鈑金スタッフ、そして営業スタッフが現時点での業界での慣習では図のような形で連携しています。

この中に書いてある【A】から【G】までの連携が、経営者やマネジメント側が、ひ

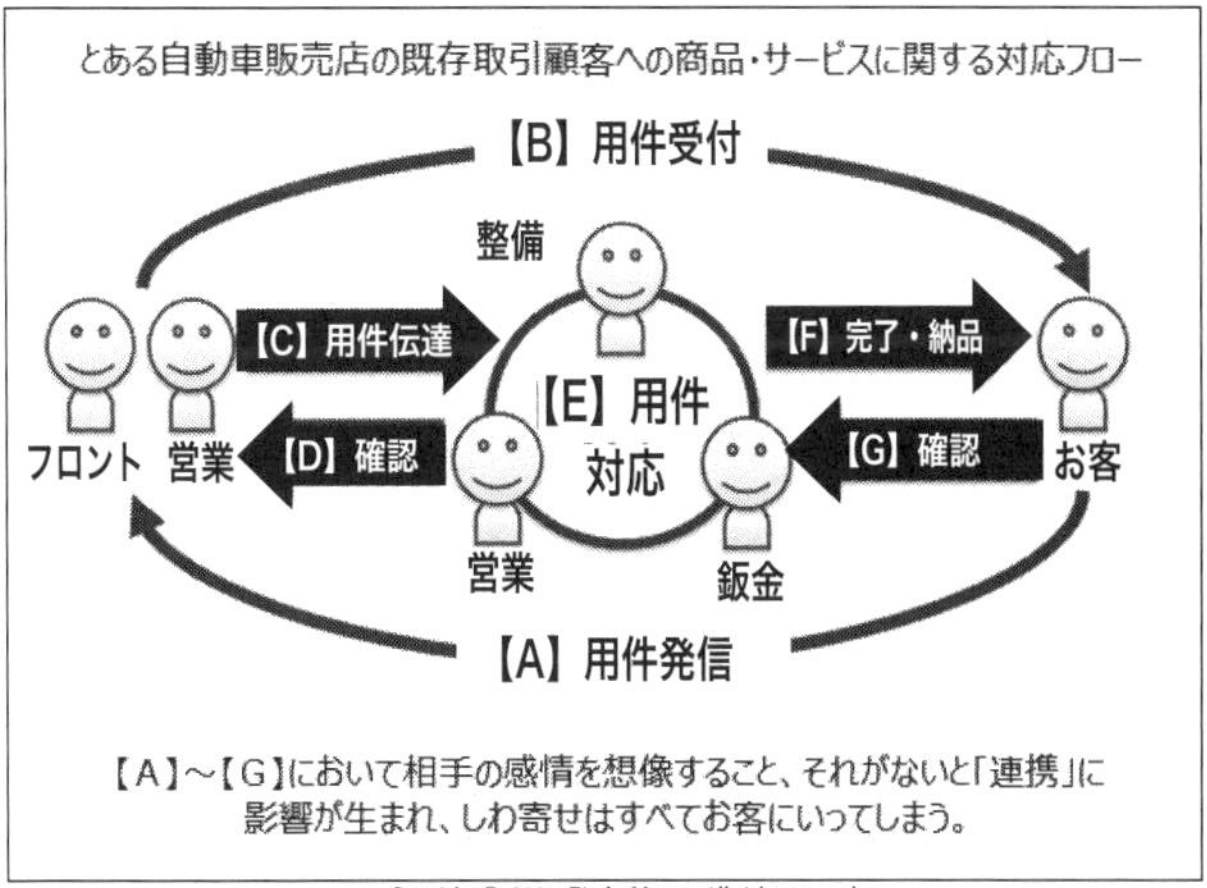
とある自動車販売店の既存取引顧客への商品・サービスに関する対応フロー
【B】用件受付
整備
【C】用件伝達
【F】完了・納品
【E】用件
対応
フロント
営業
【D】確認
【G】確認
お客
営業
鈑金
【A】用件発信
【A】〜【G】において相手の感情を想像すること、それがないと「連携」に
影響が生まれ、しわ寄せはすべてお客にいってしまう。

とりひとりのスタッフのなってほしい状態を想定し、関わっていかずに、また現場スタッフがお客の感情を考えてアクションをしないとどんなことが起きているかを紹介します。

例えば【A】↓【B】における実際に起きているケースですと、お客との書類の提出についてのやりとりで起きた例なのですが、自分たちが「書類を提出してもらう」だけを考えて行動すると、ふとお客側が「善かれ」と思ってとった行動に対して、結果的に無視をしてしまうことが起きたりします。

これを「あいつは配慮が足りない」と思って接していると、同じようなことが起き続けてしまいます。お客側は一つ一つは些細なことですが、積み重なると「印象」を持ちます。その印象を外すことをしようとは想像もつかない状態でもあるので、積み重なっていきます。これは経営者やマネジメント側が関わることで回避も可能なことと思います。

とある自動車販売店の既存取引顧客への商品・サービスに関する対応フロー

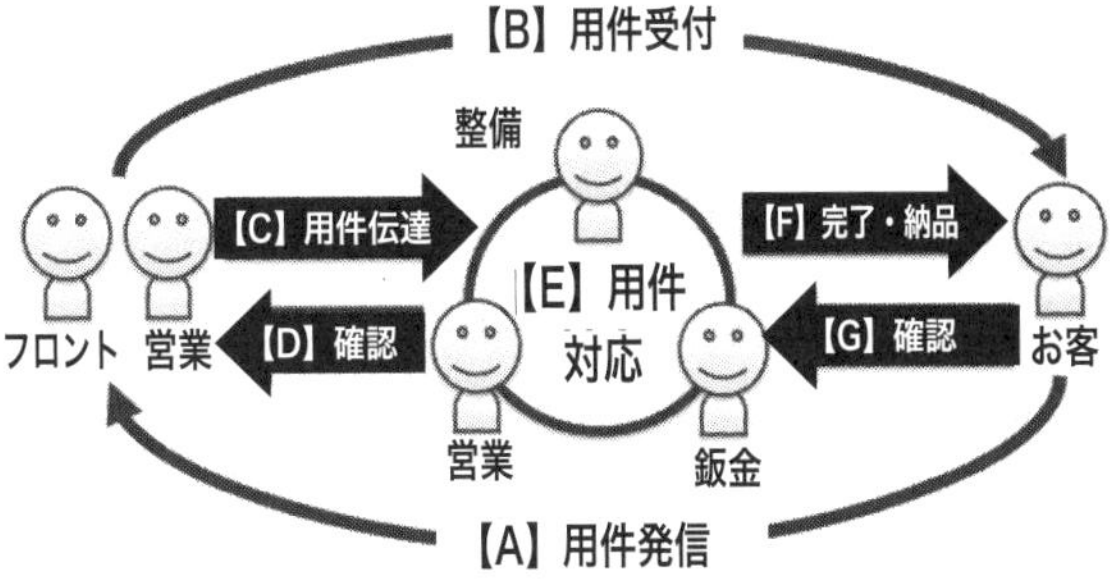
【B】用件受付
整備
【C】用件伝達
【F】完了・納品
【E】用件対応
フロント
営業
【D】確認
【G】確認
お客
営業
鈑金
【A】用件発信

【A】〜【G】において相手の感情を想像すること、それがないと「連携」に影響が生まれ、しわ寄せはすべてお客にいきます。

【A】→【B】における実際に起きているケース

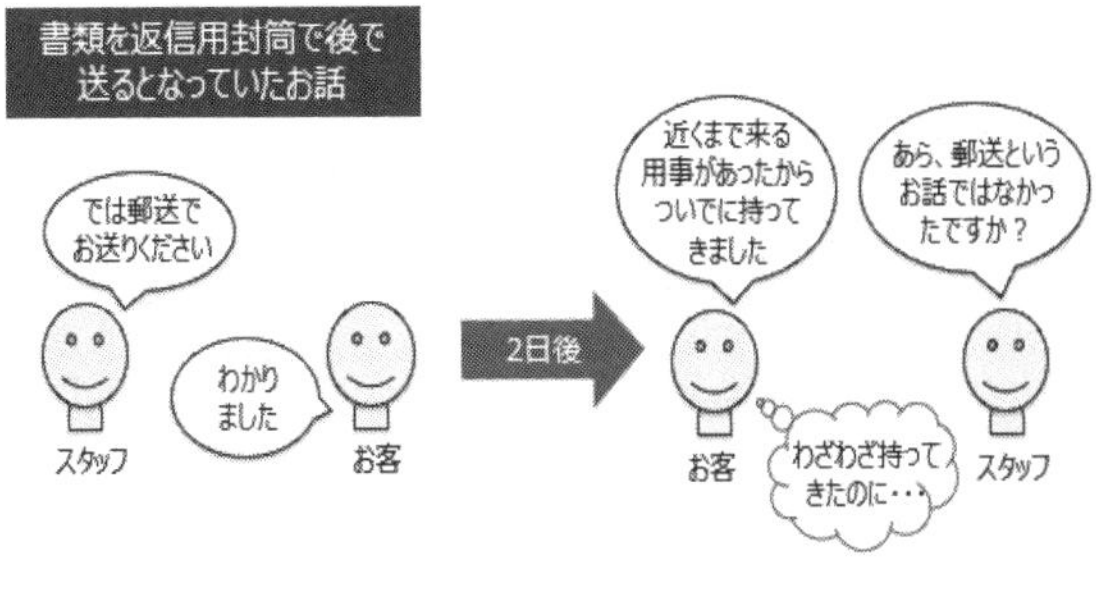
書類を返信用封筒で後で送るとなっていたお話
では郵送でお送りください
わかりました
スタッフ
お客
2日後
近くまで来る用事があったからついでに持ってきました
あら、郵送というお話ではなかったですか？
お客
わざわざ持ってきたのに・・・
スタッフ

つい言葉に出てしまったことが本人の配慮要因だけではなく、「書類を出してもらう」ということに引っ張られてしまう背景が組織にはないか？

次に【B】↓【C】↓【D】における実際に起きているケースですと、例えば整備スタッフや鈑金スタッフは、日頃お客から発注を受けた作業案件に務めていますので、その作業に追われ、「来店してきているお客」に対しての対応が疎かになることが起きがちです。

実際には窓口となるフロントスタッフや営業スタッフが、来店しているお客からの相談ごとや依頼を受け、車の修理や整備・メンテナンスに関する専門的な内容を整備や鈑金スタッフに確認をするのですが、この確認のアクションへの反応が雑になってしまうということです。

そうすると、当然窓口としてお客からの依頼を受けた者は

「待たせてしまう」

「ちゃんとした回答をできない状態になる」

「私のせいでそれが起こるのは嫌」

という気持ちになります。

内部の立場や力関係でお客が「無視」されてしまうことが起きます。

これも経営者やマネジメント側が関わることで回避が可能なことと思います。

とある自動車販売店の既存取引顧客への商品・サービスに関する対応フロー

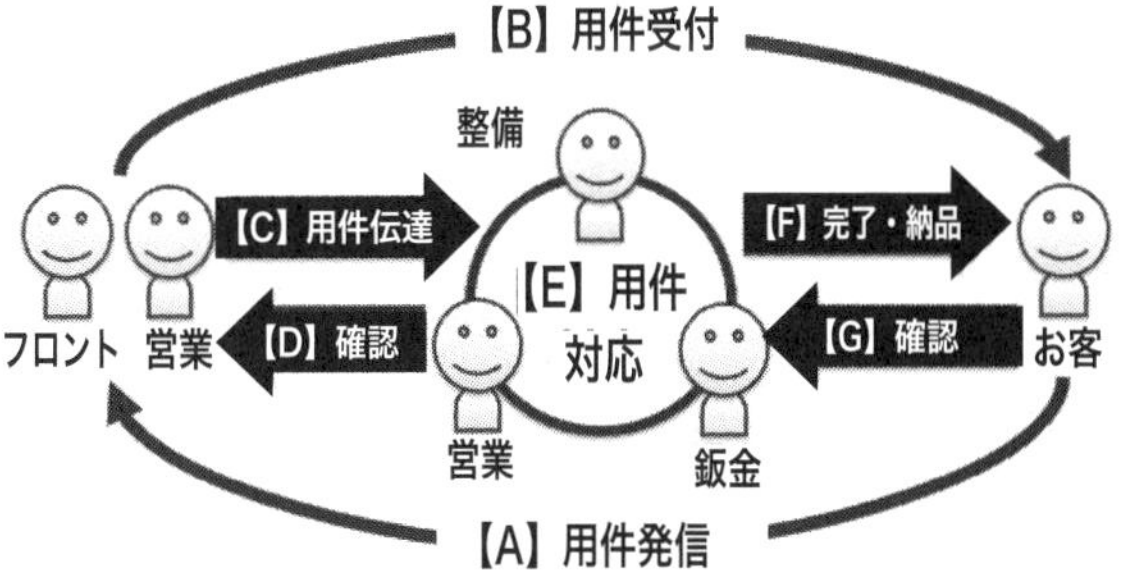

【A】～【G】において相手の感情を想像すること、それがないと「連携」に影響が生まれ、しわ寄せはすべてお客にいきます。

【B】→【C】→【D】における実際に起きているケース

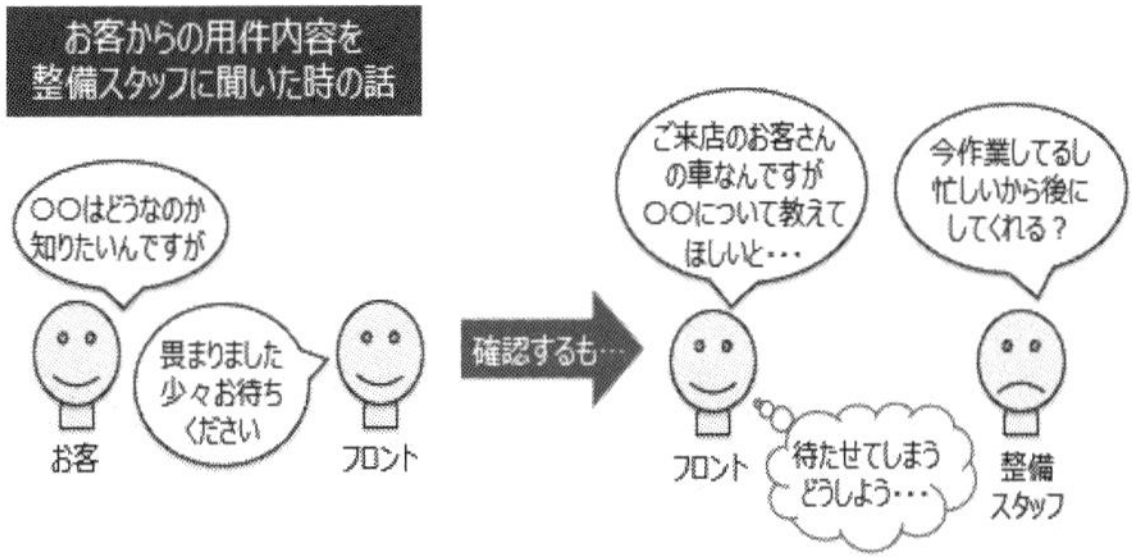

来店している状況、お客へのはたらきかけ、途中で止められない作業の主張などお互いに相手のことが不在を引き起こす背景が組織にはないか？

次に【F】↓【G】における実際に起きているケースですが、その前に【E】については整備や鈑金、営業それぞれ自分たちの専門分野におけることは、自分たちそれぞれの視界の中でのことになりますので、問題は見えにくい、あるいは意図的に見せたがらないという特徴があります。ただそれが【F】↓【G】に影響しているのが図のケースです。

「自分たちが知っている範囲」でのことですので、その感覚でお客に接してしまいがちです。それが専門用語や、聴かれていないのに自分から「言う」が多くなることが起きます。これがお客との接点で発生しますので、結果的に「ちゃんと伝わっていない」となって、「言った・言わない」が発生する危険があります。

ここは経営者やマネジメント側がいつでもお客とのやりとりを見ていられるというわけではありませんので、すぐその場で関わることは難しいことではありますが、それを分かった上で関わっていくことで回避が可能なことと思います。

とある自動車販売店の既存取引顧客への商品・サービスに関する対応フロー

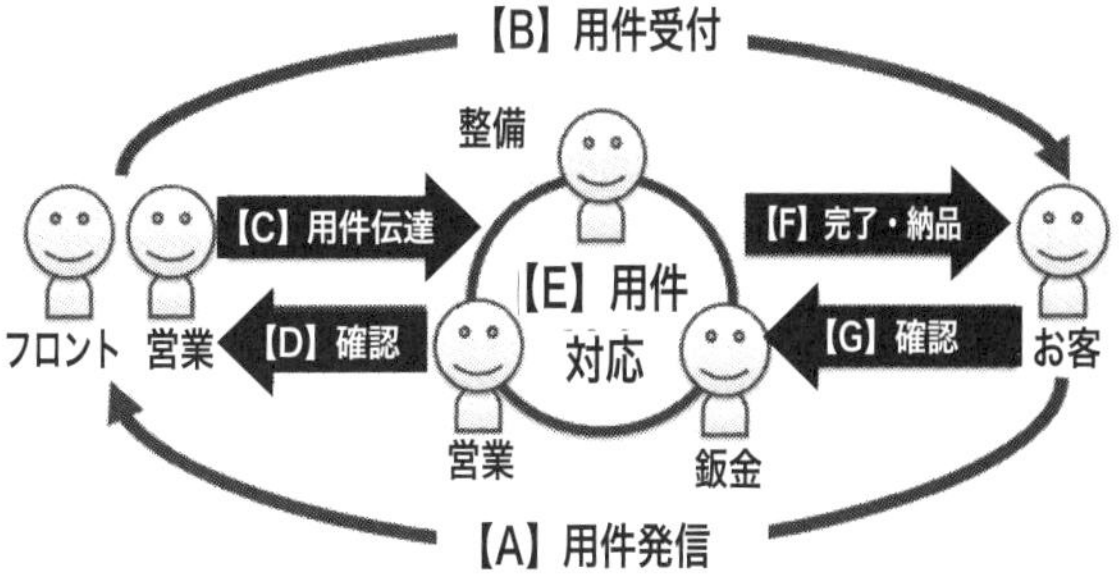
【B】用件受付
整備
【C】用件伝達
【F】完了・納品
【E】用件
対応
フロント
営業
【D】確認
【G】確認
お客
営業
鈑金
【A】用件発信

【A】~【G】において相手の感情を想像すること、それがないと「連携」に影響が生まれ、しわ寄せはすべてお客にいきます。

【F】→【G】における実際に起きているケース

作業が完了し、その内容をお客に完了報告しているときのお話

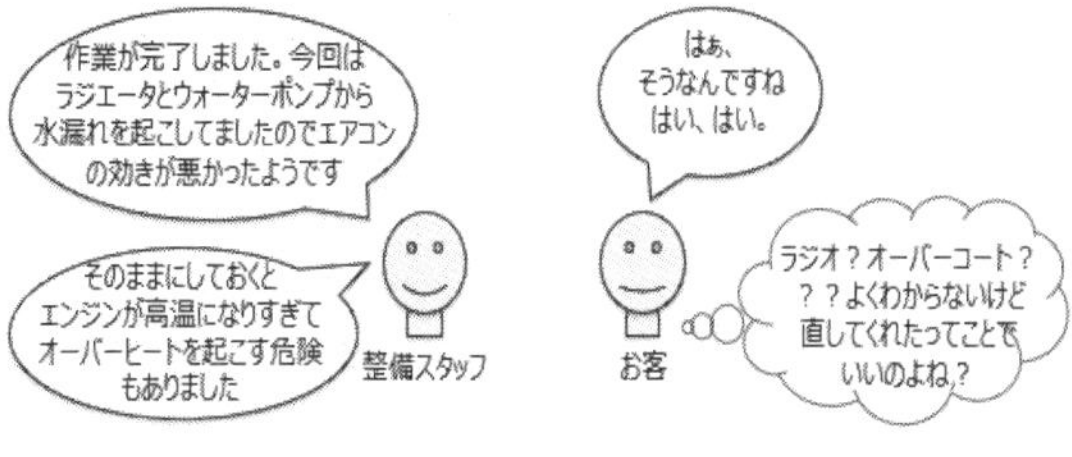
作業が完了しました。今回はラジエータとウォーターポンプから水漏れを起こしてましたのでエアコンの効きが悪かったようです
そのままにしておくとエンジンが高温になりすぎてオーバーヒートを起こす危険もありました
整備スタッフ
はぁ、そうなんですねはい、はい。
お客
ラジオ？オーバーコート？？？よくわからないけど直してくれたってことでいいのよね？

自分だけが状況をわかっていて、専門用語をついついそのまま使ってしまうやり取りが起きがちな背景が組織にはないか？

ここで紹介させて頂いたことは、「現場のせい」になりがちなケースです。ですがそれを放置している経営者やマネジメント側がいるところで起きていることが多いです。

さらに言うと、事業がつくる「生活者の良い状態」への意識が「言っているだけ」で実質は「やっていない」ところで、目的や目指す状態がなかったり、曖昧なところ、もしくは目指す状態が「数字」だけのところが引き起こしていることが多いです。

そうなると現場は、

「自分の視界の範囲でしか仕事をしなくなってしまうが許される環境」

となります。

これが問題の本質です。

次頁の図をみてみてください。組織のお客への対応フローが、生活者の状態を良くすることを見ず、またスタッフにこうあってほしい状態を考えずにいるとAだけで仕事をするということが起きます。実際はBが視界にない事業経営をしているという転倒が起きます。

相手の感情を想像しない、連携が起きない根底の要因の考察

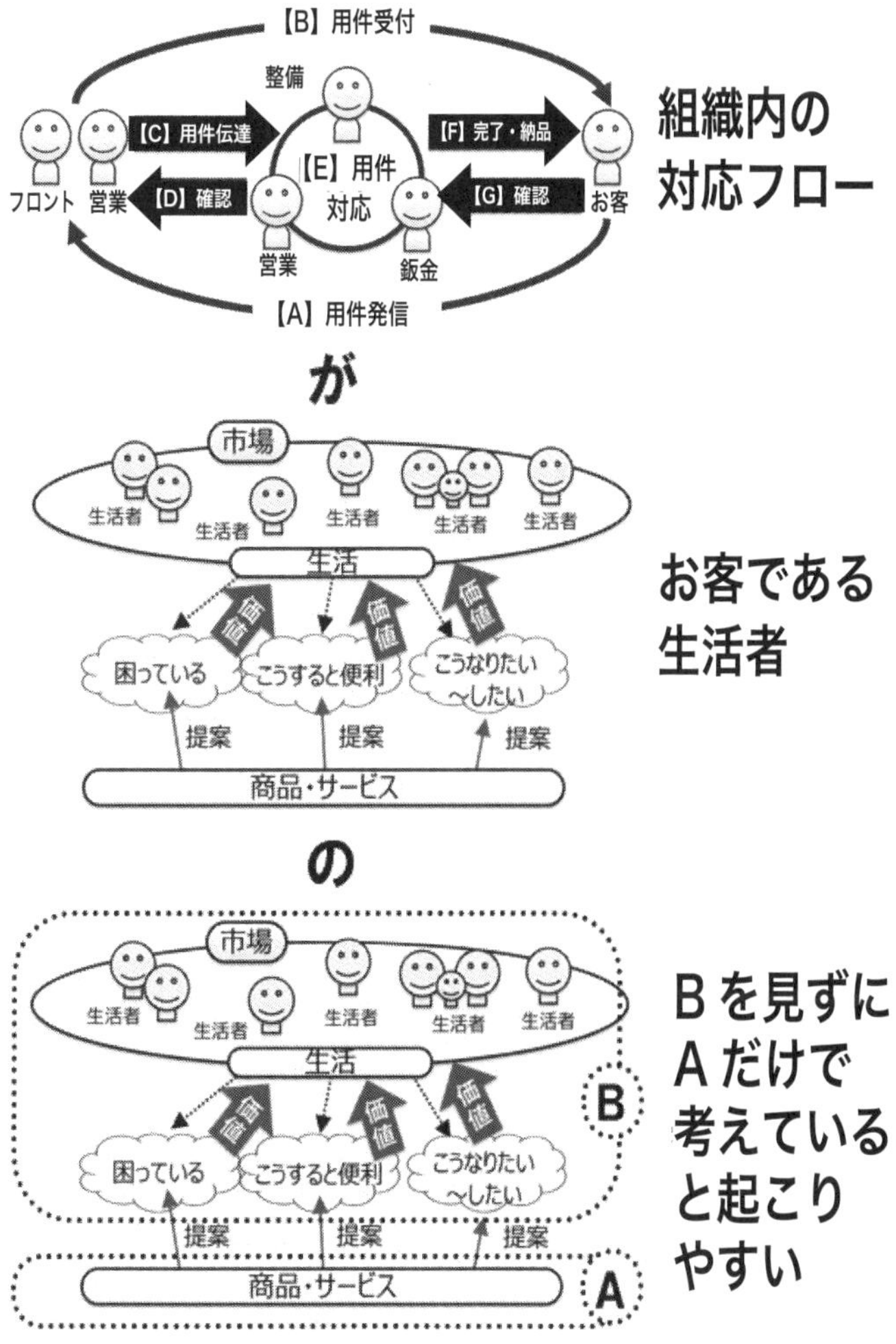
【B】用件受付
整備
【C】用件伝達
【F】完了・納品
【E】用件
対応
フロント
営業
【D】確認
【G】確認
お客
営業
鈑金
【A】用件発信
組織内の
対応フロー
が
市場
生活者
生活者
生活者
生活者
生活者
生活
価値
価値
価値
困っている
こうすると便利
こうなりたい
～したい
提案
提案
提案
商品・サービス
お客である
生活者
の
市場
生活者
生活者
生活者
生活者
生活者
生活
価値
価値
価値
B
困っている
こうすると便利
こうなりたい
～したい
提案
提案
提案
商品・サービス
A
Bを見ずに
Aだけで
考えている
と起こり
やすい

相手の感情を想像しない、連携が起きない根底の要因の考察

Aだけで考えて、Bが無い組織状態だと・・・

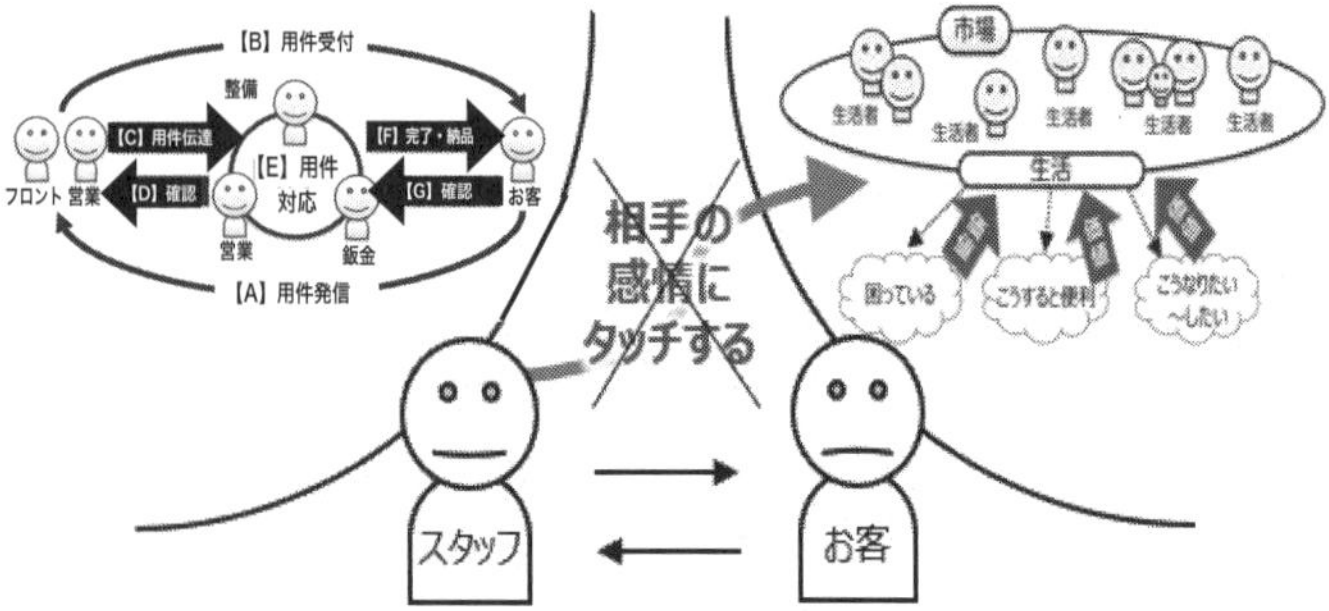

「客感情を想像する」がなくなり

⇩

「連携」が機能しなくなり

⇩

「連携」が機能しなくなると

⇩

「しわ寄せ」はお客にいくことになり

⇩

「うまくいかない」が起こり、
「自己責任」と「他責」の思考が
渦巻く組織になってしまう

図はここまでのケースから考えられることをまとめたものです。

組織内において、スタッフの「自己責任」を煽るのは「他責」の感情をつくっていることになっていました。またこれらのことが起きている販売店で共通していることもありました。

それは「ヒアリング」＝自分たちが欲しいと思っている情報の収集と思っていることです。逆に経営者やマネジメント側がその環境をつくってしまっていた、と内省されている経営者やマネジメント側の人がいる販売店は、良化への変容を起こしています。

みな自分がうまくいくことの答えを欲しがり、考えることをまったくしないとは言いませんが、「自分にとって役に立つ答えを教えてくれる人＝使える人」、「自分にとって役に立つ答えを持ってない人＝関わらない人」、のようになっている感じがします。すべて無駄なく見つけに行こうとするのですが、みつける作業に手を抜こうとする、あるいは抜いても別にいいじゃないか、という風潮がありながらも、一方ではやはり良い状態になりたい。この関係技術に作用するのがホスピタリティ・オペレーションです。

Ⅲ ホスピタリティ・オペレーション

ホスピタリティ・オペレーションとは、

商品やサービスの先にある、生活者の生活から逆算し、
本質的にその生活が良化することを目指すオペレーションのことです。

例えば、自動車販売店のケースで言えば、車や車検・整備などの、その先の生活者の車のある生活を最低でも考え、そこから逆算して自分たちができることをし尽くすということです。

ここで大半の自動車販売店は、

「そんなところまでできない」

「そこまで考えるのは今のウチのスタッフでは無理」

「そんな人間は給料をたくさん払える大手企業に入っている」

と思ったり、口にします。

ですがその販売店にもそれができているスタッフが社内にいることがあります。いるにも関わらず、さらにそのスタッフのことを「あいつだからできる」としてしまい、できるのですから認めればよいのに、「認めていない」オペレーションをしてしまっています。この場合、そこにモデルがいるのにオペレーションを開発しようとしていないのは、経営者やマネジメント側です。

これはセールスの現場からすれば、「マネジメントが邪魔」になります。

「目標行け」「売れ」「ちゃんとやれ」「やらないとボーナス出ないぞ」だけでしたらマネジメントが「お金」のことになっていて、そこに「お客不在」となっています。

お客側からしても「マネジメントが邪魔」になってしまいます。

業績が継続的に堅調な自動車販売店は、マネジメントは「お金」にはなっていないです。

「商品やサービスの先にある、生活者の生活から逆算し、本質的にその生活が良化することを目指すオペレーション」を動かしていくことに対してマネジメントされています。

対して「うまくいかないことを回避するための保険」として、経営者とマネジメント側都合で「目標行け」「売れ」「ちゃんとやれ」「やらないとボーナス出ないぞ」とやってしまっている自動車販売店には、別のオペレーション機能が無意識に働いてしまっていると思います。

その違いを3つのオペレーションパターンで説明します。

【パターンA】
社内の決めごと（ルール化されているもの、口頭のものなど）に疑わずに従わせ、それを習慣化させるオペレーション

現在自動車業界では、このオペレーションがほとんどではないでしょうか。決めごとがあることは必要なことですが、その決めごとさえやっていればよいという流れがマネジメントを「しているようでしていない」にしてしまっていることが多いです。

このオペレーションを別の表現で言うと、売上や販売台数目標などの「見えてわかるもの」を「それがないと成り立たないでしょ」と正当化させ、お客の感情をつくることも、社員の感情をつくることも「見ない」で、「追わせるオペレーション」です。

このオペレーションで、必ず傾向として現れるコミュニケーションの取り方が、「今月は（目標に対して状況は）どうだ?」です。

オペレーション／パターンA

社内の決めごと（ルール化されているもの、口頭のものなど）に疑わずに従わせ、それを習慣化させるオペレーション

特徴

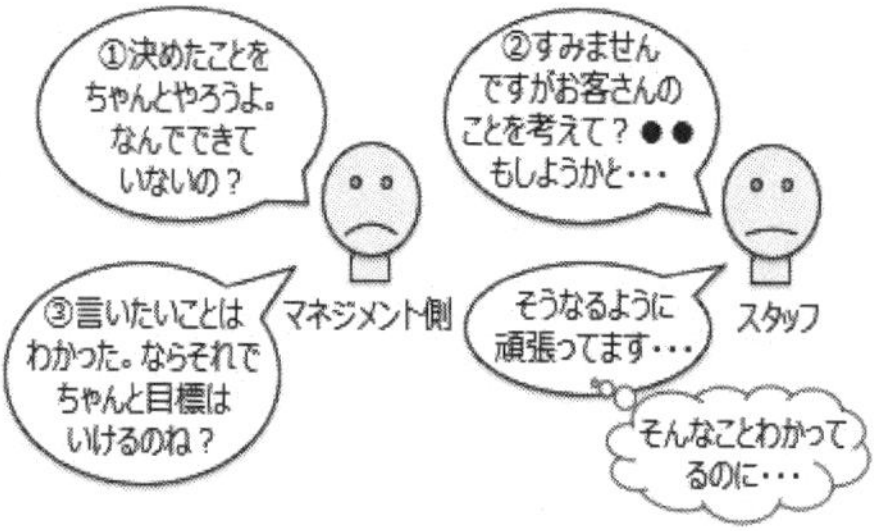

決めごとの目標やルールからはみ出さないための反復行動を繰り返していくことが解決の方向と考えている。

このオペレーションの利点

☑決めごとの範囲に限られたことであれば、不足していることを補える。
☑本質から逸れていたとしても機能している状態は得られる。
（「売れ・やれ」と思っている範囲でよければ機能する）

このオペレーションの限界

☑成長期や安定期は楽ではあるが、限界状態や、変化が必要とされる状況においては、同じことを反復し続けることにきつい試練が要される。

対象がスタッフやお客ではなく、「自分たちが優先したいこと」になっています。図にもありますが、このオペレーションの利点は、「決めごとの範囲」であれば何か不足していることがあっても補うことができます。

例えば、

「目標を達成するために●●はやれ」

と経営者やマネジメント側が言ったとします。決めごとの範囲ですので、言われることはスタッフはやります。

一方で「言われたことしかやらないのか」と自分でその状況をつくっておきながら言われる経営者やマネジメント側もいますが・・・。

また「決めごとの範囲」ですので、それが本質から逸れていたとしても機能させることもできます。

例えば、「売れ・やれ」の範囲であれば言われた通り動くということがそれです。

これも一方で、

「言われた通りに動く」

があるということは、

「言っても動かない」

もつくります。

ただ「言っても動かない」は誰がつくっているのか？ も同時に考えることが必要と思います。

次頁の図は、実際に組織の中で起きていることのケースを書き出しています。

経営者やマネジメント側の日頃のコミュニケーションの取り方が、「自分の不安」の解消になってしまっています。

パターンA／社内の決めごとに疑わずに従わせ、それを習慣化させるオペレーションにおいて、マネジメント側に起きていること

<日常的な経営者・マネジメント側の発信>

経営者
マネジメント側

仕事なんだから
モチベーションなんて
言ってる場合じゃない
だろ、数字！

ウチみたいな
零細は人が来ない
だから採用も
選べない

日頃か言っているのに
やらないんだよな・・・
やっぱりアイツは考える
ことをしない

とにかく収益が出て
ないとおまんま食い上げ
なんだからつべこべ
言わず売ること

＋

<自己都合＆他責思考>

合意形成がないままで
経営者・マネジメント側
が思っているだけ

「社員にはちゃんと言って
はいるんだけどね・・・」と
自己正当化思考

数字以外のプロセスは
社員がやるべきと思って
いて、その評価もしない

▼

このオペレーションの利点

☑決めごとの範囲に限られたことであれば、不足していることを補える。
☑**本質から逸れていたとしても機能している状態は得られる。**
（「売れ・やれ」と思っている範囲でよければ機能する）

このオペレーションの限界

☑成長期や安定期は楽ではあるが、限界状態や、変化が必要とされる状況においては、
同じことを反復し続けることにきつい試練が要される。

▼

採用を承諾しているのは？マネジメントをしていなかったのは？モチベーションが上がっていた？
経営者・マネジメント側が「うまくいってないのにうまくいかなかったらどうしよう」という「根深い自己都合」を自分の中から取り外すことの恐怖から脱皮できない

▼

ゆえに自動車業界ではこのオペレーションがほぼ9割。パターンBのオペレーションは少しかじってはみるものの、少し動きが鈍くなると中長期的な視点が消え、パターンAに戻り何も改善はしていないのに、自己都合が放てる状況に安心して、正解探しを繰り返す。

そうすると、そこにはそもそもの生活者の生活の良化を前提として、「お客の感情がポジティブ」になることが抜け落ちている、あるいは抜け落ちていると思っていないのに落ちていることが起きます。

これが「～しているつもりで、できていない」の問題の根幹のような気がしますし、その状況に対しての見直しが必要かと思います。

【パターンB】

社内の決めごと（ルール化されているもの、口頭のものなど）と実際に起きていることを調整させるオペレーション

パターンAから、「このままではいけない」と思い、「社員の意見もしっかり聞いていこう」

オペレーション／パターンB

社内の決めごと（ルール化されているもの、口頭のものなど）と実際に起きていることを調整させるオペレーション

特徴

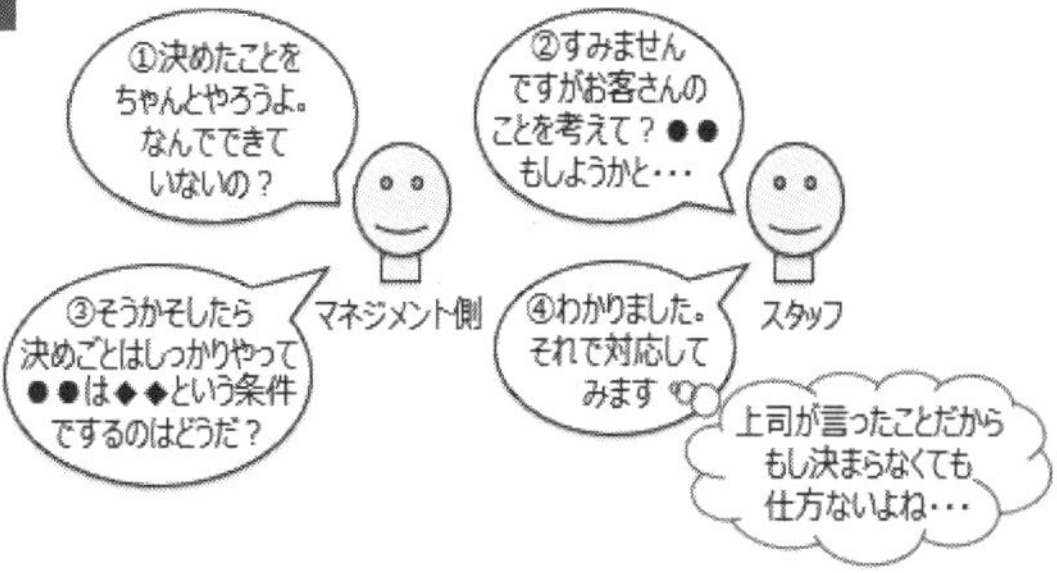

基本的には決めごとの目標やルールに従うという判断ではあるが実際に起きたこととの調整をして現実に合うものをつくろうとはする。

このオペレーションの利点

☑目標やルールに対し、実際の現実起きていることをふまえて、商品・サービスとホスピタリティの双方が成り立つように調整に動ける。

このオペレーションの限界

☑「どちらかと言えばどっちだ？」という状況になった時に、既存の決めごとが自己都合であったとしても、そちらに判断が引っ張られやすい。

「お客のことも考えていこう」

として変化が起き始めていて、そこからなされるオペレーションがパターンBです。

前頁図にもありますが、決めごとと実際に起きていることとの調整を試みることをするオペレーションです。

このオペレーションはパターンCに向かうことができるか、できないかの試金石的なオペレーションのようになっています。

次の頁の図をみてください。

ここからさらにパターンCに脱皮できるか、

あるいは経営者やマネジメント側が、ある時辛抱できず、

あるいは本質的な理解をしていないがために、

パターンB／社内の決めごとと実際に起きていることを調整させるオペレーションにおいて、マネジメント側に起きていること

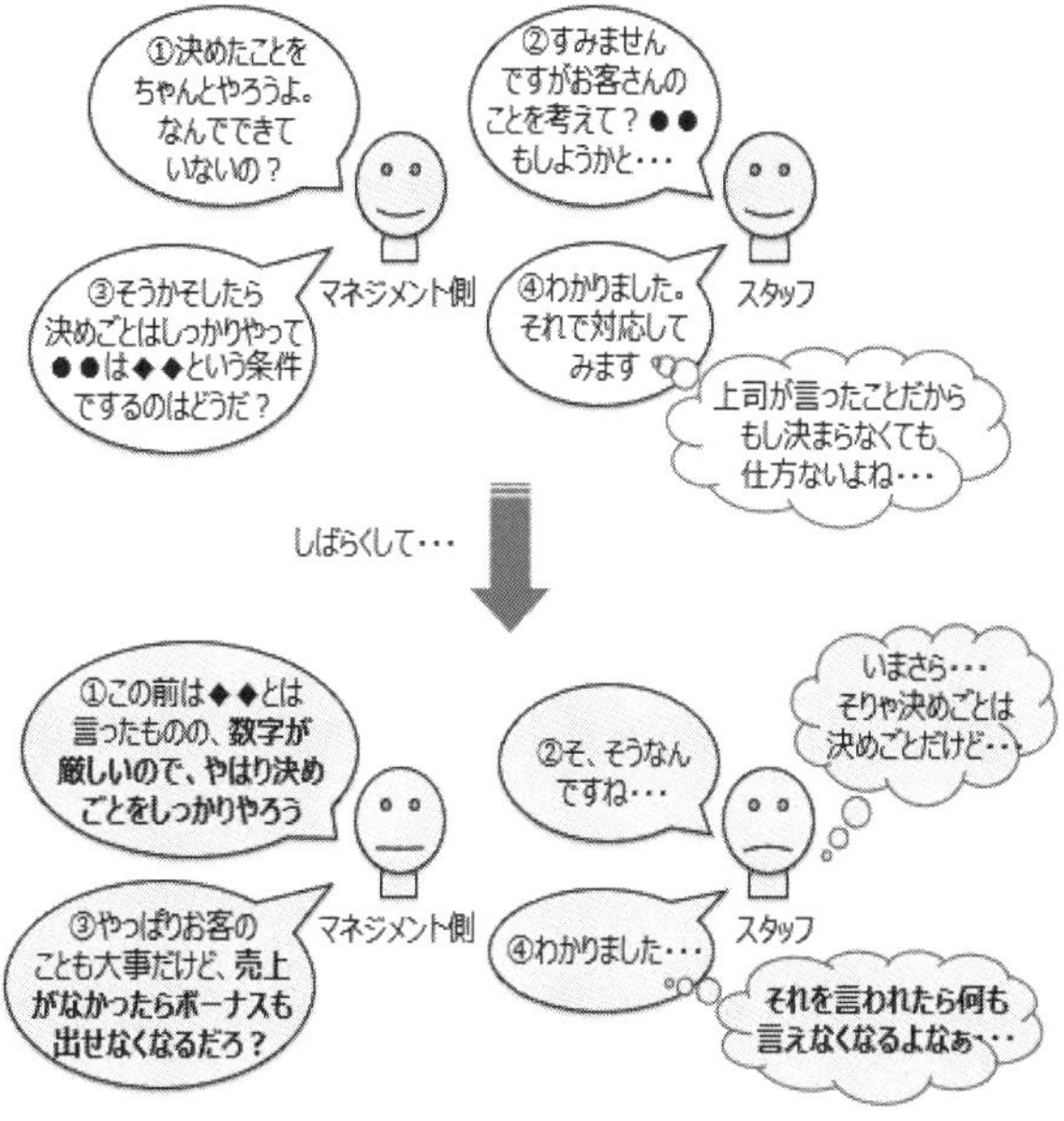

どちらかと言えばどっちだ？という状況になった時に、既存の決めごとに判断が引っ張られるので、その判断をした時点で、現場からの信頼は無くなる。

↓

さらに厳しい状況の時に「業績が落ちたら給料払えない」「このままじゃボーナスは出ない」など、経営者・マネジメント側が自らさらにネガティブを煽り、現場スタッフのコンディションを落としつつ、「しっかりしてほしい」と言う滑稽なことをする。
自分で墜としておいて、上がらないのはメンバーのせいになる、を繰り返し、

↓

パターンA同様に、経営者・マネジメント側が「うまくいってないのにうまくいかなかったらどうしよう」という「根深い自己都合」を自分の中から取り外すことの恐怖から脱皮できないでいる状態になるリスクが高い。

パターンAに戻ることが起き、
スタッフからは、

「やっぱり〜だったじゃないか」

「結局大事なのは自分たちだろ」

と思われてしまうか、の境目であり、分岐点のオペレーションです。


なぜ試金石であり、分岐点なのかと言うと、
主に経営状況の中で重たい判断を突き付けられる時に、

「顧客視点があるかないか」

を経営者やマネジメント側が問われることが多いからです。

経営者やマネジメント側が苦しいと思うことは、現場スタッフにとっても苦しいことです。

思うことはできても、実際に発信することが、普段は「知的」に判断していたとしても、咄嗟に出す「情緒的」なものが、

相手を思うものなのか？

自分を優先するものなのか？


自身がされればわかることをスタッフにしてしまっている時、その中身は経営に及ぼす印象とバイアスをつくってしまうということです。

私の尊敬する経営者は、

「決めごとを徹底する」のと、そもそも自社の根幹である「理念を実現する」は別物。理念を貫くのであれば、変化に合わせて何が必要かを考えればいい。決めごとがなぜ決まったのか？ その時の背景を踏まえれば、おのずと解は出る。

と言っています。

そうして考えてみると、「どちらかと言えばどっちだ？」という状況になった時に、既存の決めごとに判断が引っ張られ、その判断をした時点で、現場からの信頼は無くなるのだと思います。

さらに問題なのは、そうした感情を無視してオペレーションをしようとすることです。

経営者は、言われることは少ないと思いますが、

「つべこべ言わずやれ！でないと利益出ないぞ」

「結果を出さなければ、会社は無くなってしまうとは思っているかもしれないけど結局思っているだけでやることやってないよな？ ちゃんと経営しろよ！」

と言われたらどう思われますか？

「それは当然」と思えるとは思います。一方で言ってきた相手に対してどんな感情が沸きますか？ 言ってきた人との関係性がそれほど深くないとしたら、その人のために、「何かをしてあげたい」と思われるでしょうか？

これ自体は想定ではありますが、そうはいってもこれで想像できた感情は、少なからず同じようなことを自身がしていれば、自分以外の相手も似たような感情を持つと思います。それは結果的に望む成果を阻害していることになっています。

同じ組織の中で、目指すものに向かって構築する重要なことの一つが「関係性」であり、「関係がある」と思ったところに、自らが「そうしたい」と思えて自律的な「行為」をしますので、それを機能させることがマネジメントに必要なことと思います。

「仕事なんだから、やって当然」
「収益出ないとボーナス出ないよ」
「なんのために店長にしたのかわかってない」

と言って組織が機能すると思っているのがパターンA。

もしかしたらそうではなくて、ちゃんと状況をふまえ調整をしていくのは大事としているのがパターンBです。

「情緒的」なものを活かすか、「情緒的」なものを強引に経営者やマネジメント側の都合が優先された「知的（似非知的）」なことにすげかえてしまうか、パターンBは未来に向けたその境目です。

【パターンC】

前例がないことは気にせず、本質的であれば挑戦して良い「状態」をつくっていくことを目指すオペレーション

このパターンCが私の言う「ホスピタリティ・オペレーション」です。

このパターンであっても、もちろん決めごとはありますが、このオペレーションを推進しているところでは、途中経過のところは決めごとと同レベルで、また推進状況が深まっているところは決めごと以上に、

「決めごとや目標によって作用していることは何か？」

に着目し、そこから次に進むための「課題」を設定し、結果的にそのことで新しいことや本質に関わる状態をつくっています。

次頁図をみてください。

このオペレーションは、見えてない「作用」に対して「見にいこうとする」をしています。

これがよく経営者やマネジメント側が現場スタッフに言う「考えろ」の素地です。

このオペレーションを実践しているところの共通点は、

オペレーション／パターンC

前例がないことは気にせず、本質的であれば挑戦して良い“状態”をつくっていくことを目指すオペレーション

特徴

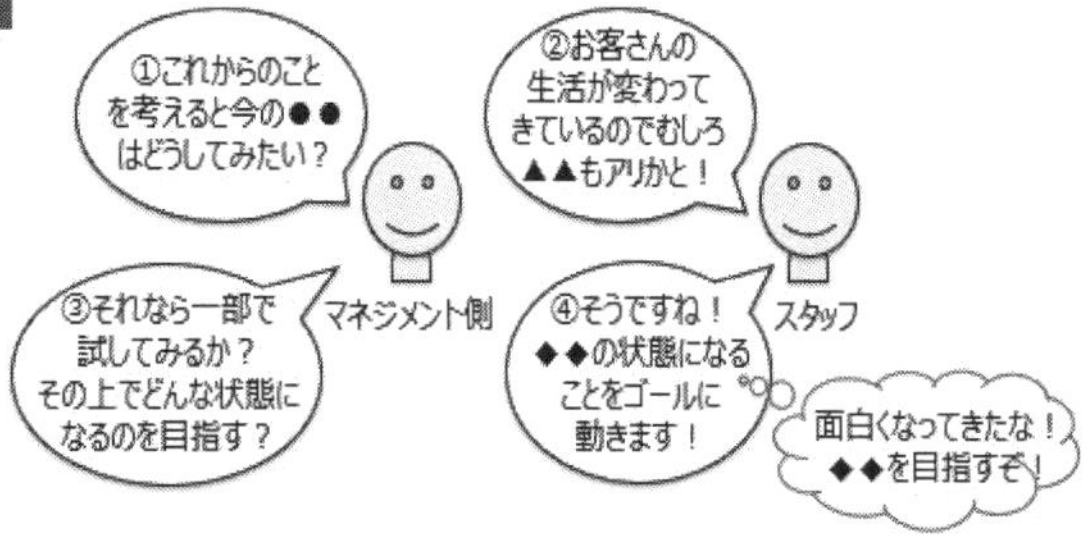

決めごとの目標やルールによって“作用していることは何か？”を課題とし、新しいことや本質に関われる状態を作り出していく。

このオペレーションの利点

☑相手（顧客・社内）と本質に向かい進んでいけることができる。
☑本質的なニーズへのより良い解決方法が発見しやすくなる。

このオペレーションの限界

☑既存の決めごとに従うことを良しとしている側からの反発による活動の鈍化や孤立が起きやすい。

この素地から想定される「課題」を設定して、
「生活者の生活の良化」から逆算し、
自社の理念の実現を具体に落とし込み、
その効果を引き上げることとして、
現場スタッフにはお客との関係性を意識させるオペレーションをし、
接点強化につなげ、結果収益をつくる。
という循環をまわしています。

現場はお客の方向を向くことに躊躇がなくなりますので、中途半端に「お客の言うことばかり聞いていたら業務がまわらなくなるだろう」と言ってしまうことはなく、本質の生産性が高まることに進みます。
場合によっては本質的なニーズへのより良い解決方法が発見された時にイノベーションが起きることがあります。

色々な自動車販売店の経営者の方と話していると、イノベーションは「商品・サービス」のことと言っている方もいますが、このオペレーションパターンCを推進していくうちに、ここでそうではないと気づく経営者やマネジメント側もいます。

そうなると事業の成長スピードは、社員がイキイキとしていますので、それがカギとなって速くなりますし、安定もします。

次の図をみてみてください。

先ほどの共通点をつくるために、社員との「関係性」が重要であるということで、「会社が目指す方向性・目的」に対して経営者・マネジメント側と現場スタッフが「意思疎通に向かう」ことになるために、推進している経営者やマネジメント側がしていることを紹介します。

パターンC／前例がないことは気にせず、本質的であれば挑戦して良い“状態”をつくっていくことを目指すオペレーションを機能させるために、マネジメント側がしていること

＜パターンCのオペレーションを遂行している経営者・マネジメント側がやっていること＞

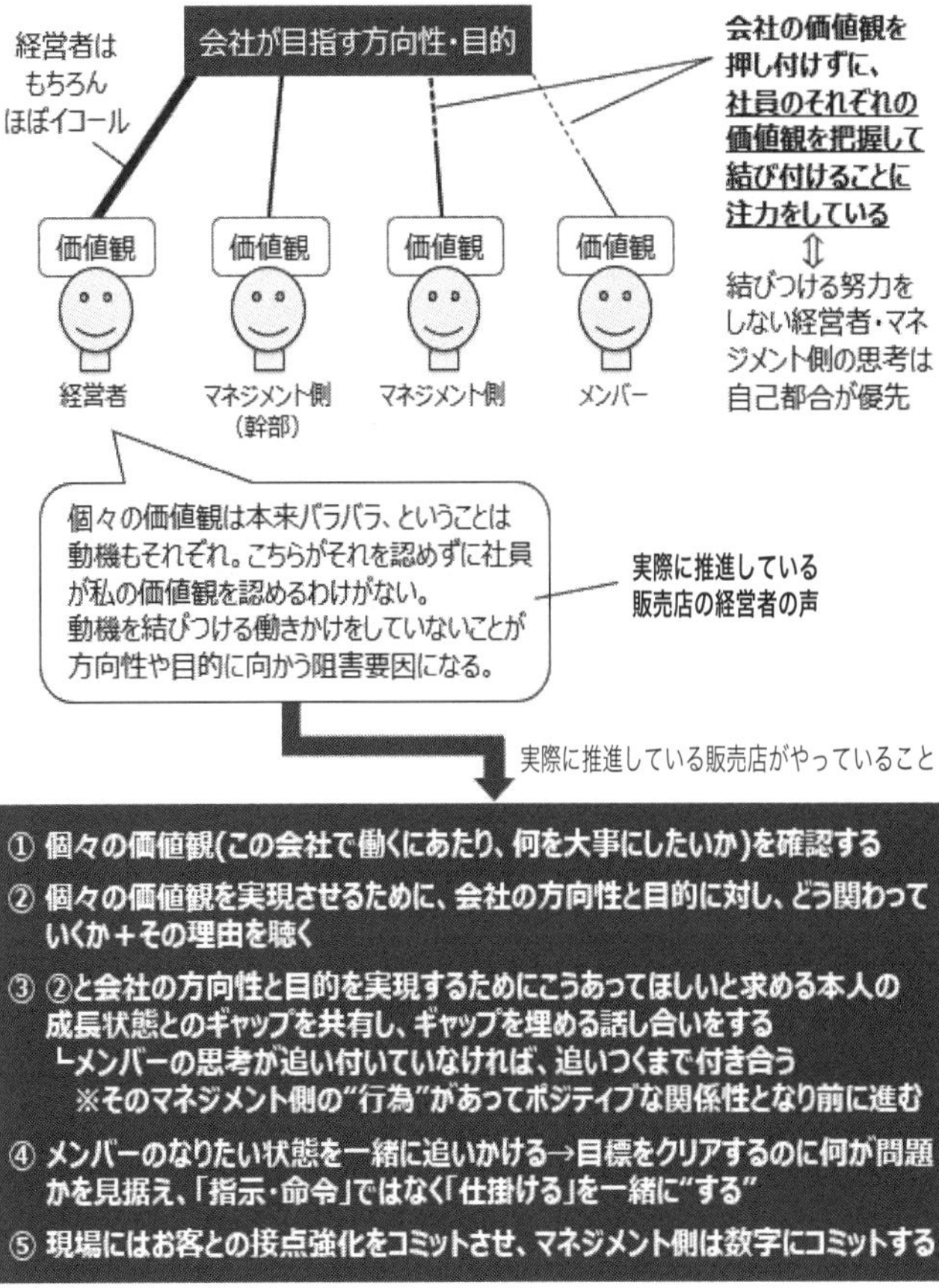

会社が目指す方向性・目的
経営者は
もちろん
ほぼイコール
会社の価値観を
押し付けずに、
社員のそれぞれの
価値観を把握して
結び付けることに
注力をしている
⇕
結びつける努力を
しない経営者・マネ
ジメント側の思考は
自己都合が優先
価値観
価値観
価値観
価値観
経営者
マネジメント側
（幹部）
マネジメント側
メンバー
個々の価値観は本来バラバラ、ということは
動機もそれぞれ。こちらがそれを認めずに社員
が私の価値観を認めるわけがない。
動機を結びつける働きかけをしていないことが
方向性や目的に向かう阻害要因になる。
実際に推進している
販売店の経営者の声
実際に推進している販売店がやっていること

① 個々の価値観(この会社で働くにあたり、何を大事にしたいか)を確認する

② 個々の価値観を実現させるために、会社の方向性と目的に対し、どう関わっていくか＋その理由を聴く

③ ②と会社の方向性と目的を実現するためにこうあってほしいと求める本人の成長状態とのギャップを共有し、ギャップを埋める話し合いをする
└メンバーの思考が追い付いていなければ、追いつくまで付き合う
※そのマネジメント側の“行為”があってポジティブな関係性となり前に進む

④ メンバーのなりたい状態を一緒に追いかける→目標をクリアするのに何が問題かを見据え、「指示・命令」ではなく「仕掛ける」を一緒に“する”

⑤ 現場にはお客との接点強化をコミットさせ、マネジメント側は数字にコミットする

まずこういう場合、そうした経営者やマネジメント側は、
「個々の価値観はバラバラであること」
これを悟らずに「活かそう」としています。
「個々の価値観」を受け入れることから始めています。
経営者やマネジメント側がそれを受け入れずに、
スタッフが「会社の目指す方向性や目的（価値観）」を受け入れるわけがないとし、
お互いの動機を結びつける働きかけをしています。

動機づけがないことが阻害要因になることをわかっていて、オペレーションAにならないようにしているのです。

例えば価値観が、
「キャリアアップや自分が社長になる」
という人もいれば、

「仕事そのものが好きだからという人」

「仲間や家族を大事にしている人」

「ただなんとなくお金が必要なのでここでいいかと思っている人」

ほんとうに「それぞれ」です。


このことを「バラバラだよね」で終わらせず、「動機を結び付る」をしていくと、それだけではない、新しい発見がスタッフ側に芽生えてくることも起き出します。

これ自体、本質的なニーズへのより良い解決方法が発見しにいっていることであり、そのスタッフの考え方がポジティブに変容し、活躍することができたのであれば、それ自体はイノベーションなのではないでしょうか。

その積み上げは組織総体の本質的なニーズへのより良い解決方法が発見することにつながっていきますし、そのもっともな近道だと思います。

図に合わせて実際に推進している販売店のものの見方・考え方を紹介します。

①個々の価値観（この会社で働くにあたり、何を大事にしたいか）を確認する

←ポジションパワー（上から立場から出てしまう発言や態度）を行使せず、人対人として話しています。

この時に外している自身のバイアスは、

相手に対する「そんなことといってたらダメだろう」です。

ただでさえ、うっかりすれば立場的なところからの偉そうな発言と感じられてしまうという状況でもあるので、それを外すことに務めています。

「悟られないようにする」というよりは、阻害をつくるものとして「思わない」を徹底しています。

②個々の価値観を実現させるために、会社の方向性と目的に対し、どう関わっていくか＋その理由を聴く

↓

①ができると、「安心して話せる状態」がつくれますので、その状態を活かして相手が大事にしていることを実現または継続していくために、ここでは相手が「この会社でやってみたいこと」を基点に、「どう関わっていくつもりか？」を聴きます。

相手が話したいと思うことを話してもらうことをすることで、その内容から経営者やマネジメント側が、「そういうことならこんなことが共通になるかもしれない」と思えることを見出していきます。

ここを見出す判断基準はあくまでも「相手基点」です。

難しいですが、難しいことよりも相手がポジティブになることで、自分が実現したいことに近づくということを見失わずに接するようにしています。

相手が言う内容がこちらの納得のいくものであろうとなかろうと受け止めることがです。

③②と会社の方向性と目的を実現するためにこうあってほしいと求める本人の成長状態とのギャップを共有し、ギャップを埋める話し合いをする。

メンバーの思考が追い付いていなければ、追いつくまで付き合う

※そのマネジメント側の「行為」があってポジティブな関係性となり前に進む

↓

③で大事なことは、本人の現状を理解し、本人が次のステップとしてどうあればよい状態になるかを考えるということです。

つまり育成計画を設計することとです。③の工程で大変なことは、スタッフのロジックと経営者やマネジメント側のロジックとのギャップです。

「こういう場面はこんなふうに考えたほうがより良くなる」という議論になった時に、

そのロジックが「わからない」あるいは「追いついていない」

もしくはそのスタッフが優秀であれば逆に、

「経営者やマネジメント側が追いついていない」が起きます。

そうした時に「お互いが追いつく」まで、あるいは「共通善」がありそうだ、と思えるところまで話す・聴くをするのみです。

その時の「追いついた」は「ついていきたい」と同義です。
時間をかけてもその状態がつくれずに四年、五年経つよりも、
半年でも一年でもじっくり話していき、ギャップが埋められれば、
その際の四年・五年の経過は、前者とは比べ物にならないくらいの「関係性の質の良化」につながると思われます。

④メンバーのなりたい状態を一緒に追いかける→目標をクリアするのに何が問題かを見据え、「指示・命令」ではなく「仕掛ける」を一緒にする
←

本来意味のないこととされるのですが、例えば上司が年下だとして、
「仕事なのだから年齢の上下なんて関係ない」と思う人ももちろんいますが、
それが「見えない」阻害要因となることは少なくないはずです。
ここに「配慮」はあるに越したことはありません。
「気にせず接する」ことが「配慮」です。

そういうことが気になってしまう「社会性」の中で、

「個別を見てあげること」は重要なことと思います。

根本は、「相手に経験してもらう」と「一緒にする」です。

実務的なことを一緒にするという解釈ではありません。

現場スタッフから、

「社長は協力をしてくれている」

「いつも本質的にこちらのことを気にかけてくれている」

これがあると、

「何とかしてこの状況を解決したい、打破したい」

という感情が生まれる可能性が高まります。

それが無い場合は高めていないだけです。

「一緒に向き合ってくれている（仕掛ける）、支えてくれている」

「●●さん（経営者やマネジメント側）のおかげで楽しく仕事をしている（＝成長）」

この感情がつくれない「指示・命令」は「指示・命令」ではないということです。

相手への「支援」があることで、育成につながり、「いざ」というときの「指示・命令」が成り立つものとなるからです。

⑤現場にはお客との接点強化をコミットさせ、マネジメント側は数字にコミットする

←

ここは実際に推進している自動車販売店でも「最初は怖かった」と言っていることです。

「数字を追わせないオペレーションをすることで、追わなくなるのではないか？」

という懸念です。

ここでポイントは「追わせる」という思考です。

追えることを可能としているのは何が要素なのか？が欠落してオペレーションしているということです。

現場スタッフがお客との接点を、相手の生活の良化から逆算して考え活動することで、結果として業績が「追いつく」の転換をロジックとしておくことです。

そうすれば現場スタッフは安心してお客の方向を向きます。

そしてそれこそ数字に対する自ら負いたい責任を感じます。

なぜなら役に立つ数が業績であるということと結びつくからです。

数字と役に立つことを分断しているのが今のオペレーションであり、パターンAです。転倒している状態を転換させることで信じられないくらいの状態をつくれることも可能です。

これはある経営者から借りた言葉です。

「できないという世界でやっているつもりを推進していくなら楽。
今はそれが世の中に多い。」

パターンAからの脱却は、パターンBのオペレーションを変容させていくために必要な経過として受け入れて推し進め、社員のコンディションを見極めながらオペレーションCに移行させていく、これをし続けることと思います。

「やらなかった10年」と「やった10年」の差を想像すると明確になります。

経営者およびマネジメント側は、自分と相手との関係において、状況と作用を読んで、その状況を良化に進めていくことが求められます。

パターンAからパターンBの調整へと進んで、さらにパターンCへの道筋を見立てて動かしていくことです。

このパターンの移行は、商品とサービスの関係に置かれていたその先に、生活者の生活を良化する関係技術を作り出していく遂行であって、自分と他者との関係において、状況と文脈の場所を読んでその状況に挑戦していく「自己技術」が要されます。

それは、このパターンの移行において、対象と物事をしっかりとつかみ実行するオペレーション技術ですが、自分と他者と環境との関係において「可能なこと」「大切なこと」として顧客が語らずとも求めていることを、また社員ひとりひとりの存在を、この関係の移行をなしながら見つけ出していく、関係技術の質化・良化であり、そこに関わる個々人の自分の自分に対する自己技術が磨きあげられていくことになります。

その手法を示しました。これを、もう少し、明確につかんでいきたいと思います。

Ⅳ ホスピタリティ・オペレーションを導入していくために

ホスピタリティ・オペレーションを導入していくための概要を説明をしていきますが、その前に「経営者への前提条件」があります。オペレーションパターンCをするために必要なことです。

1．経営者の決め方をめぐって共感するマネジメント側の人が一、二名現れること
　←
そういう状態になるために経営者が見立て、はたらきかけることが「はじめの一歩」です。そしてその現れた一、二名が現場を一緒に推進してくれる「仲間」となります。

2．経営者が「わかった」状態で取り組めること

←

オペレーションパターンCがもたらすもの、課題として残るもの、今現在の解消しなくてはいけない阻害要因など、合っている・合っていないではなく考えることが必要です。

はじめはわからなくてもよいので、もしオペレーションパターンCをしたら、

「組織はどんな状態になるか？」

これを先ほどの「もたらすもの」「自分の組織ならではの課題として残るもの」「今現在の解消しなくてはいけない阻害要因」などを想定されて考えてみてください。

3．経営者の取り組みが全体像だけでなく、個別の具体もみせること

←

ここにはスタッフ一人一人の価値観と向き合うことも含まれます。

現場でスタッフが何をやっているのか、どのようにお客と接しているのか、
この一つ一つの総体が全体像につながりますので、
スタッフの個々を知り、個別の具体をみせていくことです。

4．新しいことに取り組む、特にホスピタリティに取り組むことに起きがちな、責任と恐怖が無意識で発生することに対し、それを外していき、「快楽」に向かっているということを理解していること

←

パターンCのオペレーションを推進している経営者の方がまさに思っていたことです。

2で想定したことをクリアしていくと、これまで想像もつかないくらいにスタッフが自律的に活動するということが起き出します。

それを阻害する要因を外すことです。

つくりあげていくもの

⑤
☑お客との接点における状態に対し評価基準を設定する
☑マネジメント側がお客の生活を良化していくことと業績にコミットする

④
- ホスピタリティ・セールス技術の実践
- リアルを題材としたオペレーションプログラムの管理・運営
- 採用判断基準の策定

理念・ありたい状態（ビジョン）

③
☑自分で実践できる関係技術訓練プログラム設計
※「ヒアリング」の技術などはここに含まれる
☑マネジメント従事者によるインプット・アウトプット関与

② 理念・ありたい状態(ビジョン)から逆算して、組織全体のテコ入れを想定した上で、社員とお客の関係性を活性化させることを組み上げていく

① 経営者が、幹部または店長などのマネジメント従事者をホスピタリティ・オペレーション・マネジメントができる状態に導く＝メタマネジメントを実践

ホスピタリティ・オペレーションの初期段階（導入時）の概要

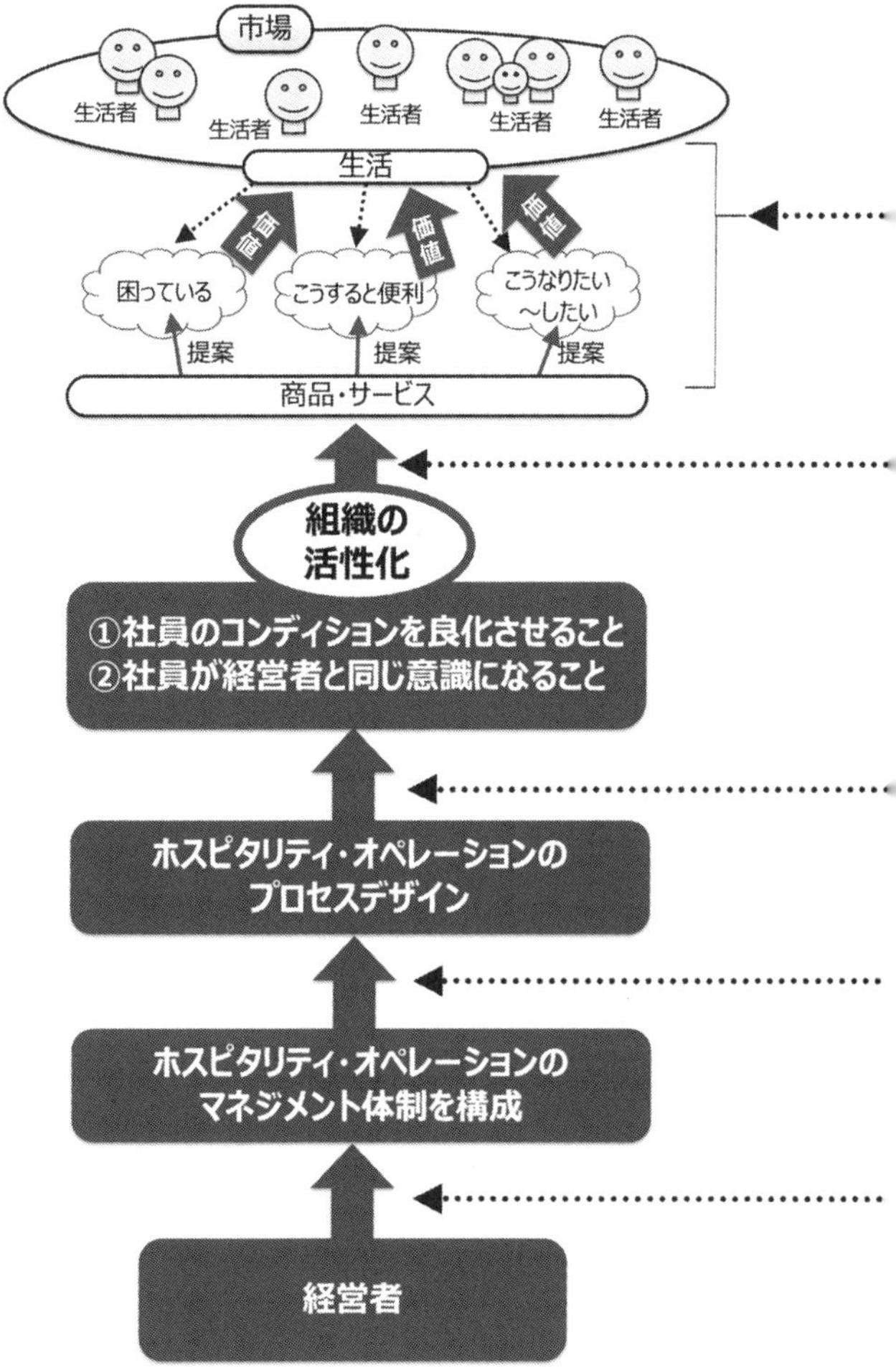

次に実際に導入（初期段階で設定されるもの）の概要を説明します。

前のページの図は、導入していくにあたってのおさえるべき内容を、導入時はどのような順番で、どんなタイミングを見計らって進めていくかを一枚にまとめたものです。

パターンCのオペレーションを軌道に乗せるための手順としてみてみてください。

①前提条件のもと、まずは経営者がホスピタリティ・オペレーションを推進していくために、マネジメントに従事する人に対してのマネジメントをインプットしていくことです。

左頁の図は「ホスピタリティ・オペレーションのマネジメントについて」で掲出した図「インプット・アウトプットの参考例」の再掲です。

実際には経営者がまずこの流れをマネジメントに従事する人と接する時に実践してみて、相手の反応を受け止めるようにしていきます。

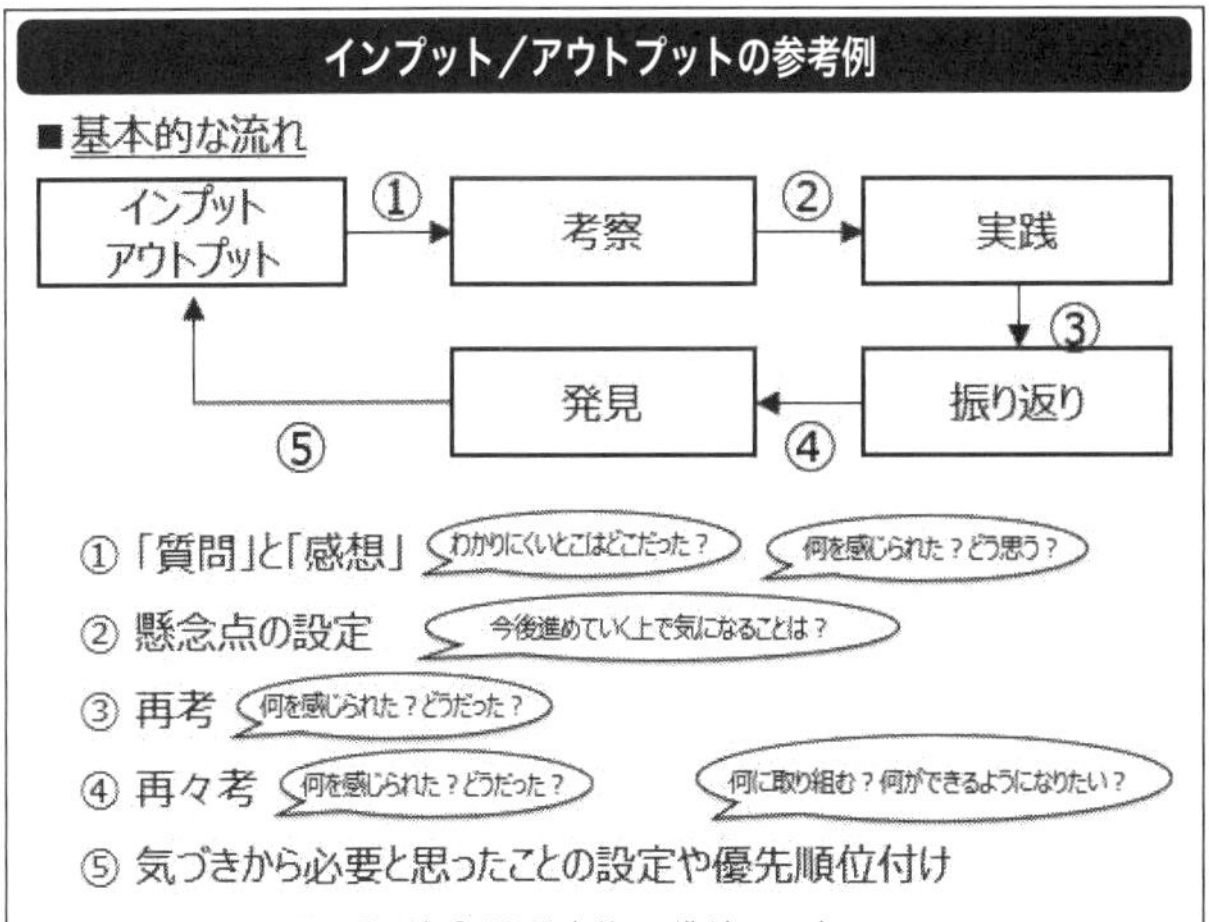
インプット／アウトプットの参考例
■基本的な流れ
インプット
アウトプット
①
考察
②
実践
③
振り返り
④
発見
⑤
①「質問」と「感想」
わかりにくいとこはどこだった？
何を感じられた？どう思う？
② 懸念点の設定
今後進めていく上で気になることは？
③ 再考
何を感じられた？どうだった？
④ 再々考
何を感じられた？どうだった？
何に取り組む？何ができるようになりたい？
⑤ 気づきから必要と思ったことの設定や優先順位付け

② オペレーションパターンCで、実際に経営者・マネジメント側がしていることのように会社の理念・ビジョンと個々の価値観を結びつけるはたらきかけをします。

その上でこの時点で社員一人一人の育成計画を「ホスピタリティ・オペレーションのマネジメントについて」で紹介した育成計画シートのようなものを使い策定していきます。育成計画は、経営者・マネジメント側の計画ですので社員に見せなくても良いですが、意欲のある社員で、本人との関係性が良い場合には求めていることを開示しても良いと思います。

一人一人の育成計画ができたら、個々の成長が経営にどんな影響をもたらすかを想定します。

その上でビジョンの実現と照らし合わせ、その時の業績計画につなげていきます。

「去年これくらい売り上げたから今期はこれくらいやらないと」は、経営者の「希望」でしかないです。社員との関わりをしっかり持つことで、相手のコンディションから想定できることはたくさんあります。それを怠らないことが経営自体に必要なことです。

③現場スタッフの接客スキルを伸ばすためのプログラムを設計します。

自身で考えるのももちろんＯＫですが、まずは本件の「ヒアリング」の技術を身につけるところからプログラムをつくり進めていくのも良いかと思います。

実際には「ヒアリング」から、お客にとって生活が良くなるための「提案」をしていくのですが、実際「提案」は、まずは現場スタッフがお客のことを考えて、その上で浮かんだことであれば、それを「する」からで良いと思われます。

理由としては、「ヒアリング」にてたくさんのお客の事情・都合が聴けたのであれば、それに対して「どうしたら相手の生活が良くなるか？」を格段に考えられるようになるからです。

それと併せて①で経営者からマネジメントに従事している人に実践したインプット・アウトプットの現場でのメンバーへのはたらきかけをできる状態にまでしていくマネジメント側のトレーニングもしておきます。

④実践の場においては、③で策定したプログラムを実践し、

a．実際の現場の局面
b．スタッフ本人が相談したいこと
c．育成計画

このa～cをふまえてマネジメント側が接していきます。

良いと思えたアクション、改善が必要と思えたアクションとともにインプット・アウトプットしていくことで本人の経験値が上がると思えることは、a～cをもとにしていくことを徹底していきます。

マネジメント側がもちろん多忙で見えない・できない時もありますが、できない時もあってもよいです。むしろ、見えなかった・できなかった時はこれを繰り返していくことで、メンバーが「教えてくれている」「なんでも話してくれている」が必要な「作用」です。bが増えてくるとスタッフは元気になっていきます。

そうなれる関係性を目指すことを主眼に置いてコミュニケーションを取ることです。

また採用についてはとても重要です。本件では軽く触れておきますが、考えられるポイントとしては、

◆メンバーの育成計画の中から、必要な人材像を設定する
◆予め面接で必ず確認したいことを書き出しておく
◆メンバーで同席してもらう人を選定する（入社後に新人を孤独にさせない）

このあたりは最低限やっておくことです。

⑤①～④までのことを実践し、一定の軌道に乗ったと思えたのちに、ビジョンの実現

から逆算して活動していく中で、幹部、マネジメントの従事者との話し合いを経て、スタッフの評価基準と、業績に対するコミットの形に着手していきます。

順番としてはこれがなぜ最後かというと、先に評価基準や目標設定に着手することが、結果的に「見えているもの」しか見ていない、という状況にまた陥る懸念があるからです。

見えない「作用」を見にいくオペレーションが整いだした（整った、ではない）時、そのものの見方・考え方が得られた幹部を含むマネジメント従事者と議論をし、その思考を前提にしてつくり上げていくことです。

評価基準の策定にあたってのポイントは、経営者やマネジメント側が喜ぶような評価基準ではないようにすること、です。

オペレーションのパターンAでは、嬉々としてスタッフのできていないところと、こまでやれ、でないと評価しない、という一連のことが言える評価制度になっているか、経営者やマネジメント側の独断とバイアスでしています。

そうではなく、評価は評価することによってスタッフが元気になるものを設定することです。

まとめにかえて

「情報」が意味するものについて。
本当の「ヒアリング」とはどういうものなのかについて。
マナーの本質について。
ホスピタリティ・オペレーションのマネジメントについて。
ホスピタリティ・オペレーションとは、について。
ホスピタリティ・オペレーションの導入について。

これらについて、実際に経験してきたこと、
また自動車販売店の経営者の方々とのやり取りの中で触れることができたこと、
大手企業の転倒的な活動を目の当たりにしてきたこと、経営者とともに協働してきたこと、そうしたことからロジックをふまえ整理してみました。
ここまででは具体的な各論において書いてきましたが、それらすべての大前提としてあるものを最後に、まとめにかえて述べておきます。

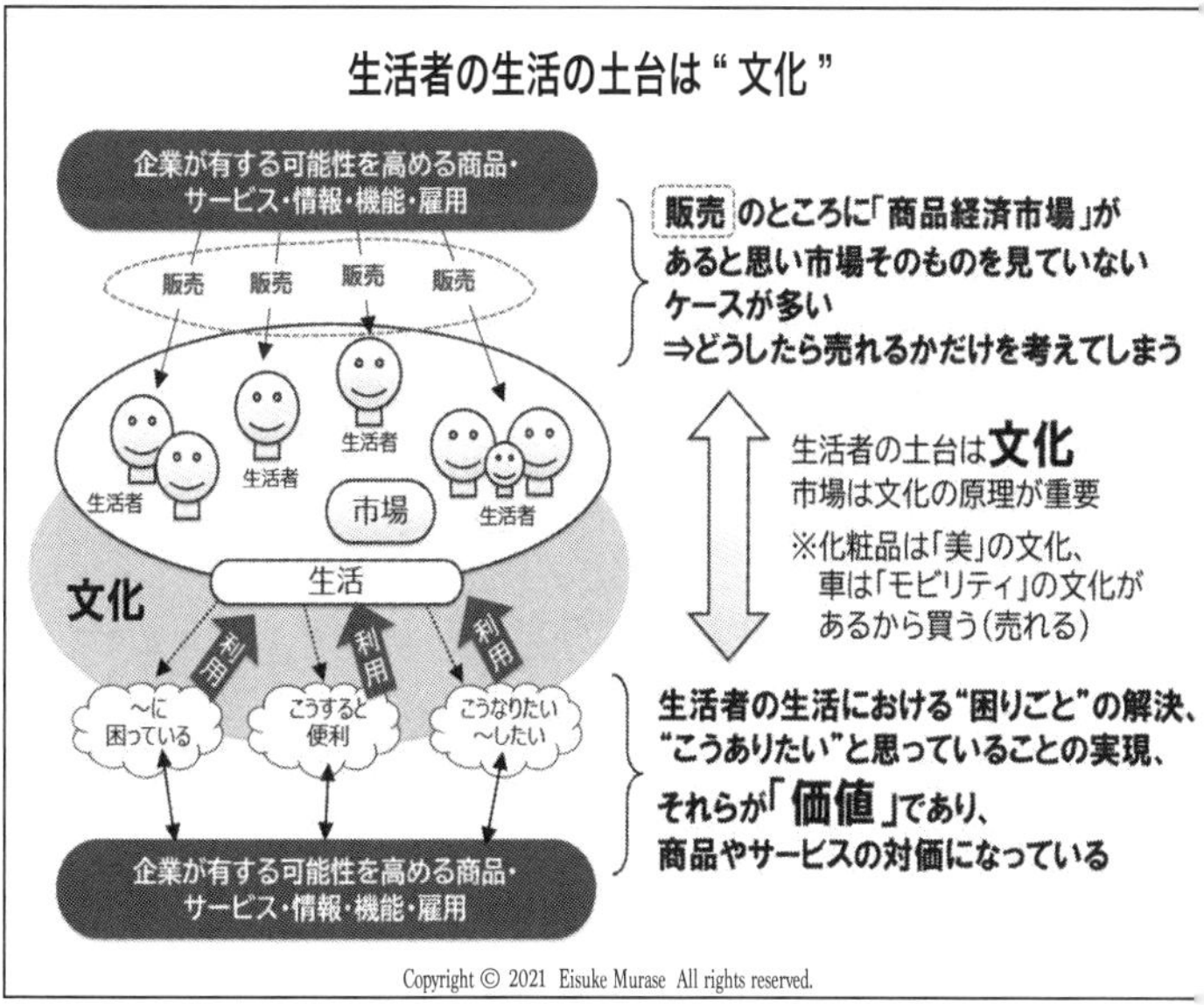
生活者の生活の土台は“文化”
企業が有する可能性を高める商品・サービス・情報・機能・雇用
販売
販売
販売
販売
販売のところに「商品経済市場」があると思い市場そのものを見ていないケースが多い
⇒どうしたら売れるかだけを考えてしまう
生活者
生活者
生活者
生活者
市場
文化
生活
生活者の土台は文化
市場は文化の原理が重要
※化粧品は「美」の文化、車は「モビリティ」の文化があるから買う（売れる）
利用
利用
利用
～に困っている
こうすると便利
こうなりたい～したい
生活者の生活における“困りごと”の解決、“こうありたい”と思っていることの実現、それらが「価値」であり、商品やサービスの対価になっている
企業が有する可能性を高める商品・サービス・情報・機能・雇用

生活者のいる市場への「販売」自体に経済があると見てしまうことが自らビジネスを難しくしていることになっています。大前提として「市場は経済」ではないということです。生活世界、生活環境が「市場」です。

そして、生活の土台は「文化」です。化粧品を買うのは「美」の文化があるからであり、自動車は「モビリティ」の文化があるからです。

商品→市場ではなく、文化→生活者→市場を逆算して「価値」を考えることです。

その「価値」についても違いを述べます。

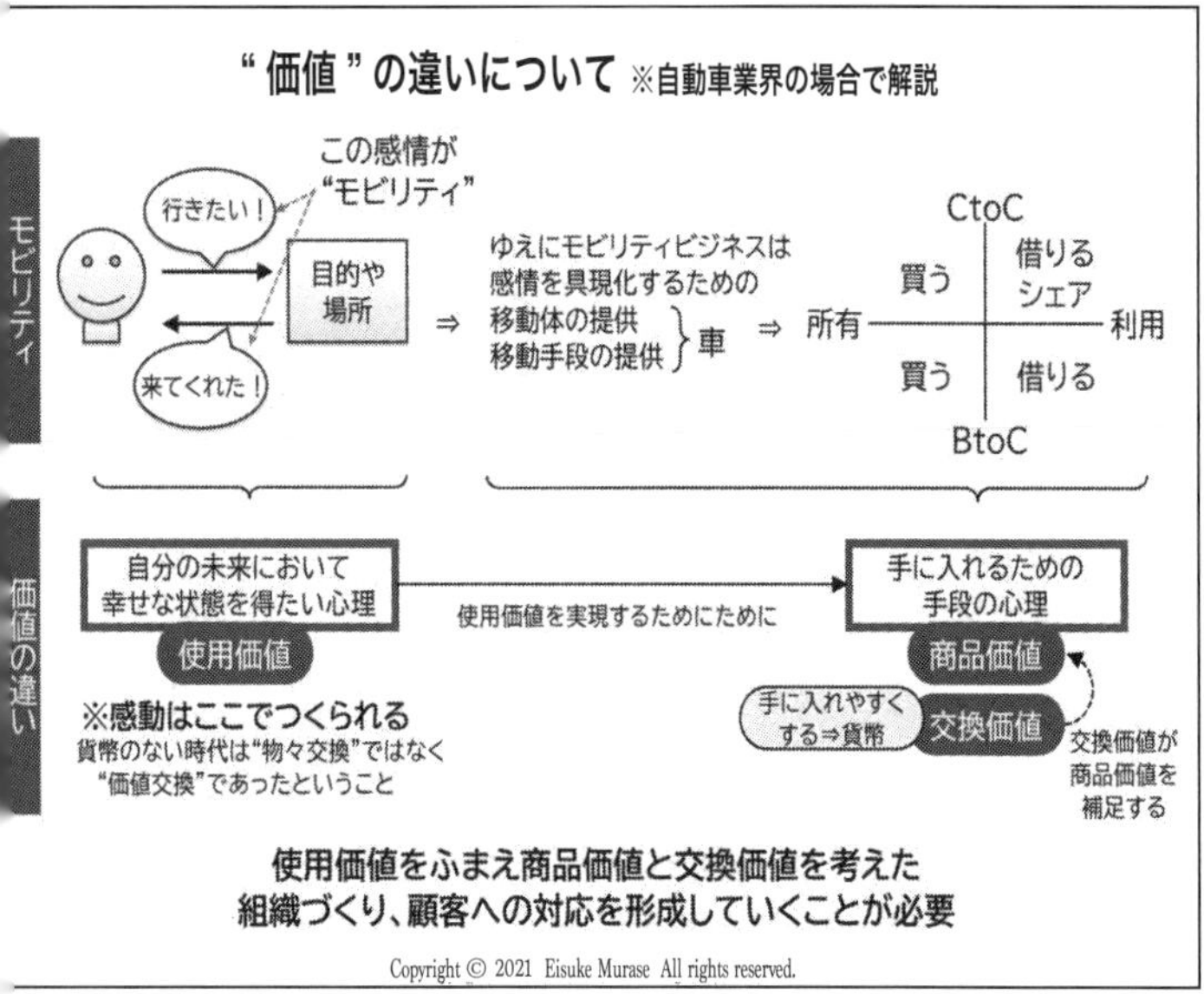

“価値”の違いについて ※自動車業界の場合で解説
モビリティ
この感情が“モビリティ”
行きたい！
来てくれた！
目的や場所
ゆえにモビリティビジネスは
感情を具現化するための
移動体の提供
移動手段の提供
車
所有
利用
CtoC
BtoC
買う
借りる
シェア
買う
借りる
価値の違い
自分の未来において幸せな状態を得たい心理
使用価値を実現するためにために
手に入れるための手段の心理
使用価値
商品価値
※感動はここでつくられる
貨幣のない時代は“物々交換”ではなく“価値交換”であったということ
手に入れやすくする⇒貨幣
交換価値
交換価値が商品価値を補足する
使用価値をふまえ商品価値と交換価値を考えた
組織づくり、顧客への対応を形成していくことが必要
Copyright © 2021 Eisuke Murase All rights reserved.

例えば自動車は「モビリティ」の文化があるからと言いましたが、根本はその目的からなる「自分の未来において幸せな状態を得たい心理」に対し、それを実現するもの＝「使用価値」が商品の大前提です。その「使用価値」を得るために手段の心理がはたらき、「商品価値」へ変換します。

さらにはそれを手に入れやすくするのが貨幣であり、貨幣によって手に入れられるという「交換価値」があります。

ビジネスを振り返るときにこの価値から自社の商品サービスをみること、つまり商品の働きを理解して顧客対応を形成していくことです。

その上でホスピタリティの概念をビジネスに落とし込み、人の力・エネルギー＝資本をもとに組織の生成をなしていくことです。

ホスピタリティを形成する要素は、四つあります。「非分離」「述語的」「場所」「非自己」です（山本哲士『甦えれ 資本経済の力』参照）。それはまた日本の文化の原理でもあります（山本『哲学する日本』参照）。この四つが「資本」となり、組織を作り上げるのではなく、「作り続ける」（完成はこの世にない）ことです。各企業が、持続的。継続的にこの状態を目指し続けて行く遂行過程で生まれる変化がイノベーションです。

これを作り続ける状態にするためには、

❶環境を作り続ける経営者、
❷環境を生かす現場、
❸環境を良化へ導くマネジメント従事者、

の三つの作用が必要です。

ホスピタリティ・マネジメントとイノベーションについて

ホスピタリティを形成する４つの要素
「述語的」「非分離」「場所」「非自己」が
「資本＝人の力・エネルギー」となり、組織を「作り上げる」のではなく
「作り続ける（完成はこの世にない）こと。各企業が持続的、継続的に
この状態を目指し続けていく過程の中で生まれた変化がイノベーション。

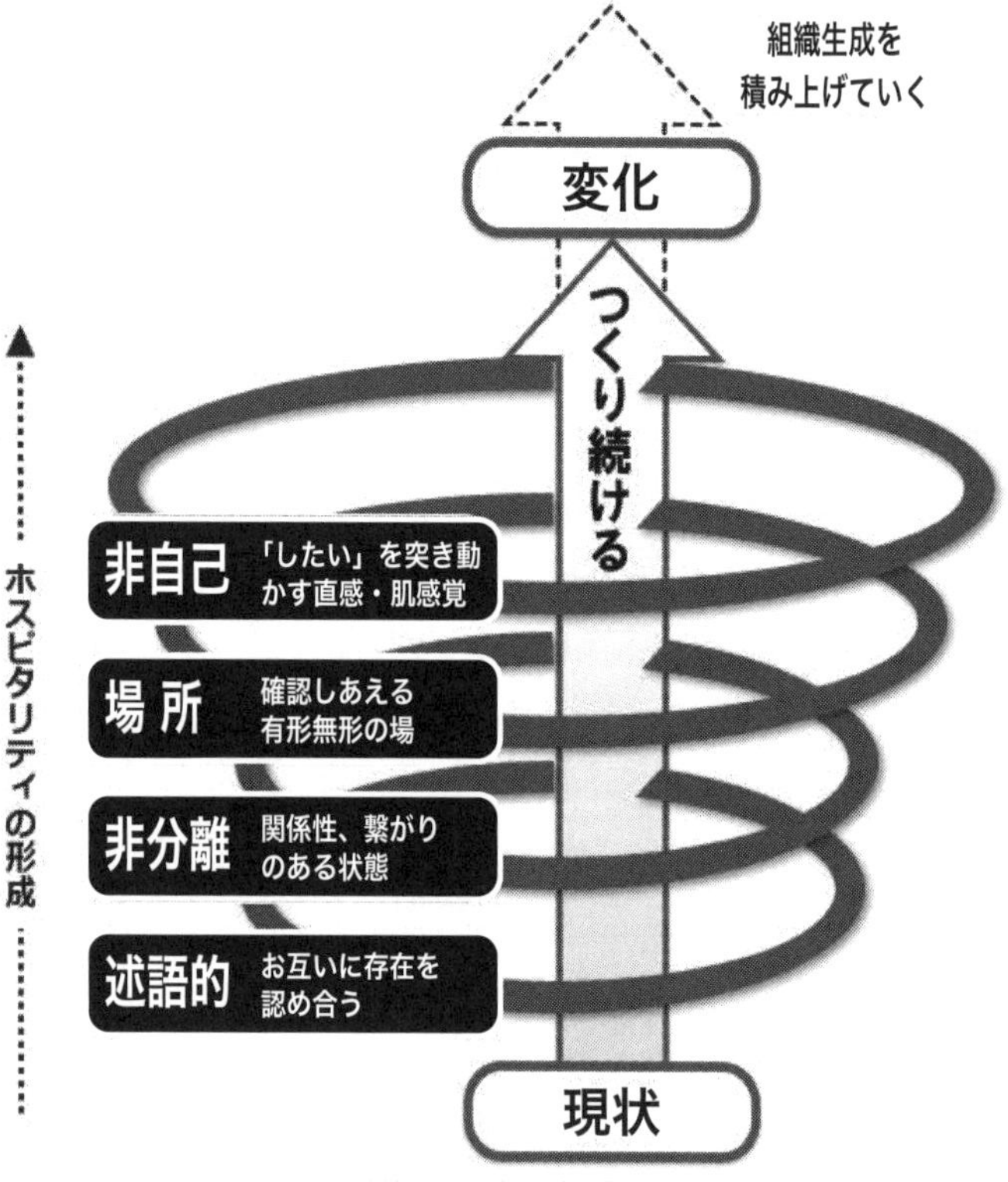
組織生成を
積み上げていく
変化
つくり続ける
ホスピタリティの形成
非自己
「したい」を突き動かす直感・肌感覚
場所
確認しあえる
有形無形の場
非分離
関係性、繋がり
のある状態
述語的
お互いに存在を
認め合う
現状

右図にまとめてみました。これまで、わたしが関わってきた取引先やこれまでのことから、ホスピタリティを置いてみたときに、まずは述語的に相手のことを考えて動くことが起きると、お互いがお互いに居るという非分離が起き、それが加速する場所が増え、より「したい」という感覚が生まれ組織が良くなっていくことを発揮します。

しかし、四つの要素の関係作用の順は、個別のケースによって配置を変えられて、ホスピタリティの形成をなしていくといえます。関係技術をしっかり自覚しておくことです。

新しい商品を作ったりサービスを拡充することがイノベーションではなく、各企業が持続的に、継続的にこの「考える力を持つ生成の変化」をなしていく過程がイノベーションであり、それは各企業個別でそれぞれ固有に為されるものでもあると思います。

生活を支える技術／エネルギー／情報における科学資本のシフト（矢野雅文『科学資本のパラダイム・シフト』参照）、気候変動の環境条件（松下和夫『気候危機とコロナ禍』参照）をも加味していくことです。ホスピタリティは気配りや配慮といった精神的なものだけではありません、外部の様々な諸関係や諸条件を考慮していく総合的なオペレーションです。

今回はセールス側からホスピタリティのオペレーションをみて、商品のマーケティングしかしていない、その状況と経営者と管理者に、会社にマネジメントが為されているか、この視点を主にしてまとめました。

「環境」「組織」「リスク」「技術」そうしたことも今後展開を考えていきます。

人間性重視の生産性向上
公平公正、そして誠実
キホンの徹底と変化への挑戦

この三つは私の経営理念です。

どこにでもある一般的なことかもしれませんが、実際自分が為すことは結構大変です。

それでも、「する」を選択し続けていこうと思っています。

あとがき

自分を振り返って見ますと、私は全ての局面で運が良かったと思います。

幼少時代、クリーニング屋というクレーム産業の自営業の息子として生まれたこと、小学校1年からお金払いの悪いお客さんと知らずに「行けばお菓子をもらえるかもしれないぞ」と親父にけしかけられ、その人たちにワクワクした気持ちで集金しに行けていたこと。

親がいつも夫婦喧嘩をしていて、母親が叩かれ、止めに入る自分が叩かれることが繰り返し在る中で、「みんなで笑おう」って泣き笑いしていつも夫婦喧嘩を止めてたこと。

クリーニング屋の手伝いで嫌々手伝っていた時にお客さんのダウンジャケットを換気扇に挟まらせてしまい、生地が破け目の前で羽毛が飛び散り、「親父に殺される！」と思った時、親父から冷静に「何故こうなったかわかるか？」とその場で諭され、ものごとは、嫌々や、面倒くさがってすると周りに迷惑をかけてしまうということを教えてもらったこと。

母親が深夜まで得意先の工場の作業着を工場の仕事が終わる夜8時以降に回収に行ってた時に部活が終わってから手伝いに行くと泣いて喜んで褒めてくれてたこと。

当時、流行り出した「いじめ」をテーマにした劇をするという際に、いじめられっ子役を誰がやるかという状況になり、その劇を母親が見に来てくれると言ってくれたので、その動機だけでやろうと思い、その役をやったことに対して何故か感謝してくれた小学校の先生。

中学校時代、長距離が苦手で遅かった自分を、市の長距離継走大会に参加させてくれた体育の先生。（もちろん補欠）

高校時代、ラグビー部に入り、下手なのになぜか試合でよく使ってくれた監督、下手なのに卒業の時にキャプテン以外で自分のことを胴上げをしてくれた仲間。

大学時代、無名校から体育会系のラグビー部に入り、体力・体格・技術すべて遅れている中で途中でやめずに、四年間やり切れることができたのを支えてくれた同級生。四年生の時に公式ジャージを着ることができたきっかけをつくってくれた二人のコーチ。

社会人になり、当時バブルが弾けたあとで、Fランク大学からはほぼ無理と言われていたが、リクルートという会社に入社することができた、そのときの就職活動を支えてくれたリクルートの当時の採用担当者。

営業時代、カーセンサーという部署で伸びるきっかけをつくってくれ、営業で全国1位にならしてくれた当時の名古屋支社時代の上司。

営業マネージャー時代、北関東というエリアで、車の買いやすい世界を作ると言って当時全く浸透していなかった中古車の支払総額表示を当たり前の状態にすることを一緒に作り上げてくれた現場の仲間たち、応援してくれた上司、同僚のみなさん。

企画マネージャー時代、上場前のトランジション対応、組織内で初の営業コールセンターの開発と立ち上げ、業務外でありながらも中古車業界への関与と、一度に三つの仕事をさせてくれ、いわゆる「三足の草鞋」を履かせてくれてマルチタスクをこなせるきっかけをつくってくれた上司。

中古車業界の顧客対応を良くするために、業界唯一の組合団体の研修の顧客満足度アップ研修を設計、開発させてくれた業界の皆さん。

リクルート時代から6年越しにラブコールをしてくれて、僕に自動車業界の顧客対応レベルを上げていくことをライフワークとさせてくれ、フランチャイズの経営を任せてくれたこと、直営店18店舗の統括をさせてくれたオーナー。

経営することの苦しさ、自分の会社の未来をこうしたいということ、自動車販売店の大変さ、やりがいを教えてくれたフランチャイズ加盟店の経営者のみなさん。

そのオーナーが亡くなり、業界への貢献ができなくなった時に声をかけてくれ、業務の構造改革を手伝って欲しいと言ってオークション会社の執行役員として携わらせてくれ、再び業界に役に立てるきっかけをつくらせてくれた恩師。

リクルート時代から気にかけてくれて失意の最中に岡山から激励でわざわざ駆けつけてくれた恩師。

「組合のコンサルをやってみないか」と声をかけてきてくれて、組合の小売対応の研修をつくらせてくれた恩師。その組合の取り組みを自らの会社で実験をさせてくれた東北の恩師。

そして今ある自分の状態にさせてくれている全ての人たち。

親、学生時代、会社員時代、独立時代、各々の局面で運がよかったのです。

そんな運の良かった経過の中で、もし自分で出来ていたことがあるとするならば、自分なりではありますが、「人の話を聴く」ことだったような気がします。なぜなら聴くと出来ることが増えていったからです。

しがないクリーニング屋の息子でしたが、
下手なラグビーばかりしていたFランク大学出でしたが、
リクルートという会社にバブル崩壊後の就職難でも入社できました。
そこで一つの事業部ではあるものの、営業の全国トップにもなれました。
リクルートという会社で、営業マネージャー、東海版編集長、関東広告部部長、北関東版編集長、営業推進マネージャー、企画マネージャーをやらせてもらえました。
中古車業界の常識を変える支払総額の表示が当たり前になるきっかけをつくることに携われました。

中古車業界の唯一の組合団体で接客対応力向上の研修をいくつもつくらせてもらいました。
自動車フランチャイズチェーンの副社長と直営店18店舗の統括、オークション会社の執行役員などをやらせてもらいました。

そして今独立してこうしてまた色々なことができています。

現在はさらに、「新資本経済学会」という新たな資本経済ビジネスを拓く若手企業人を中心にした学会の事務局長をさせてもらっています。
「新資本経済学会」とは、商品／サービスを中心にした産業社会経済に代わって、「資本／ホスピタリティ」を機軸にすえた経済活動を形成していこうとしているもので、「場所環境経済」の市場、「資本者 capitalian」のワーク環境を、新たな哲学設計および経済ロジックをもって、マネジメント開発していくところです。

現場で実際になされていることを、見ない、考えないで、やっていけるがままにしておかずに、常に問い、考え続け、良い状態をさぐりあてでのびやかで元気な組織として、自律的に未来を切り拓くためには、顧客の顔を聴くべく、現在における近代社会の転倒した「論理」を転じて、新たな思考の世界を働かせることが要されるのを、日々痛感しています。山本哲士先生が、近代学問体系を転じて切り開かれたホスピタリティや資本や場所や非分離・述語制をめぐる学術的考察とその概念世界に出会ったとき、それはまったく抽象などではなくリアルそのものをつかんでいて、私の関わっているリアルとアクションをクリアにしてくれるのにとても役立ちますし、それをヒント／手がかりにしながら自分なりの言葉と思考と遂行に翻訳して、現場に即して個のケースごとに磨き上げているつもりです。

最後に、この本をつくってみようと思うにあたり、背中を押してくれた山本哲士先生、株式会社リクルートの同期入社でたくさん心を支えてもらっている萬川裕（まんちゃん）、色々な気づきとインスピレーションを感じさせてくれる田中覚（さとる）、に感謝の気持ちを伝えさせてください。本当にありがとうございます。他にもたくさんの方々への感謝を述べねばならないのですが、お名前を上げるのをひかえさせていただきました。ありがとうございます。

この本を通じて、「相手の話を良く聴く」「相手を軸にしてコトを考える　進める」ということがとても大事なことであると、皆さんに少しでもお伝えできたらいいなと思っています。

村瀬永育（むらせ えいすけ）

1970年神奈川県生まれ。フリーランス。

1993年、帝京大学文学部教育学科卒業後、(株)リクルート入社。3年目より自動車事業部に配属。リクルート歴20年のうち18年を自動車事業部に携わり営業マネージャー、東海版編集長、関東広告部部長、北関東版編集長、営業推進マネージャー、企画マネージャーを経験する。2013年に退職後、自動車販売ボランタリーチェーン・オニキスを運営する株式会社オートコミュニケーションズ副社長兼直営店・日昇自動車販売の取締役に就任時は加盟店に対し顧客のライフカーライフを支援するお店としての商品価値から使用価値への転換を視野に「クルマの相談窓口」を提唱、展開。

2016年にフリーランスとして独立。全国中古車販売組合のコンサルティング、中古車オークション会社の執行役員などを務め、現在はリクルートマネジメントソリューションズ社で取引会社へのコンサルティング業務の委託、および個人で自動車販売会社の人材育成、マネジメント、組織活性、販促強化、関係性マーケティングなどのコンサルティングを請け負っている。新資本経済学会事務局長。

知の新書 B11

村瀬永育
ホスピタリティ・オペレーション
顧客の顔を聴く関係技術の手法

発行日　2021年10月20日　初版一刷発行
発行所　㈱文化科学高等研究院出版局
　　　　東京都港区高輪4-10-31　品川PR-530号
　　　　郵便番号　108-0074
　　　　TEL 03-3580-7784　　FAX 03-5730-6084
ホームページ　https://www.ehescjapan.com

印刷・製本　　中央精版印刷

ISBN　978-4-910131-21-4
C1234